自治体間協力の必要性と可能性

其田寿一
toshikazu sonota

講談社エディトリアル

はじめに

　「江戸」の終焉とともに、文明開化のこえを高らかに掲げた「明治」が始まり、そののち約140年の流れを経た日本は、現在「平成」という時代を生きている。人々の生活様式も変わり、産業構造の転換や科学の発展により交通機関の発展や行動範囲の拡大が可能になった。そして、日本に生きる人々の生活範囲は格段に広がり、そこに求める人々の必要とするサービスも、医療、教育、福祉、交通等々において多様化し、そして複雑化の一途をたどっている。

　人々の生活とともに、日本における地方自治も度重なる変化を繰り返してきた。それは、「江戸」から「明治」へ時代が変わるとともに日本の統治体制が変わったころから顕著となる。いわゆる、明治の大合併である。江戸時代からの自然村落を近代的地方自治制度に沿ったものへ整備しようと試み開始された、今日の地方自治体の礎となるものであった。

　それから時代がすすみ、日本の自治体の在り様は、当時の自由民主党政権が1995年の地方分権一括法によって強力に推し進めてきた平成の大合併により、その数や規模そのものが大きく様変わりした。しかしながら、第29次地方制度調査会の答申もあって、合併の流れがそのまま進むのか、ひとまず収まっているだけなのか、それともその流れ自体が消失するのか、今、その岐路に立たされている。

　このような中にあって、2007年に経済改革の基本方針が閣議決定され、道州制を視野にした、さらに大きな枠組みに自治体を再編成しようとする流れが続いていること、また当時、民主党政権が、基礎自治体を300程度にするとした政権公約を掲げ、実現はしなかったものの、その後の自公政権においても道州制は撤回されることなく、このままの流れが進むのではないかとする意見が大方を占めているところである。

　他方で、ヨーロッパ自治憲章により示されている、自治の原則である「補完性と近接性」を自治のしくみにしっかりと持たせて、その自治の効果を最大限に住民に帰することを考えた時、はたしてこの効率性を重んじ

た基礎自治体の削減と自治体規模の拡大は、住民の生活に好ましからざるものになるのではないかと危惧する議論もある。その点、水口憲人は、J.S.ミルやR.ダールらの考えをもとにして、以下のように市町村合併への誘導を疑問視している。市町村合併への誘導は、規模を大きくすることによって自己決定の自由を実質化する政策に見えるが、自己決定が規模の経済やサービスの効率化の問題に還元され、「規模と民主主義」という問題が抜け落ちてしまいかねない疑問を誘発する（水口2005、p3-p10）、と。すなわち、地方自治体の裁量によりできる行政の幅を実質的に増やす（≒自己決定の自由）ことを掲げつつも、そのためには、自主的な財源の獲得が難しいため、合併して自治体の基礎力を上げ行政の効率化をはかるしかないなどといった合併ありきの議論に昇華されてしまっており、最適規模においての住民の自治という視点が抜け落ちてしまっているのではないかという疑問である。財政の効率化や、行政サービスの幅が合併によって広まるといったことだけを注視した主張に対しては、水口の考えも踏まえたうえで、この合併至上に走らなくても良い方法が別にあるのではないかという自身の見解をもって、論者自身非常に危惧しているところである。

　加えて、これまでの、地域性、地域のアイデンティティを醸成してきた市町村という基礎自治体の枠を、これを鑑みずに一括して合併に推し進めることにも抵抗を感じずにはいられない。日本における基礎的自治体である市町村が、この平成の大合併によって、ある程度の規模の利益を享受できる自治体へと変革を遂げたとした利点を押し出す説もあるが、一方で、地域性とでもいえるアイデンティティを無視した合併は、地域の反発を生み、青森県旧浪岡町（現青森市）の一部が近隣他町である藤崎町への分離編入を実行したり、群馬県旧松井田町のように合併後も分町をするため活動を展開したりする組織を内包する町も存在する。

　本論では、地域性をもたせつつ、地域住民の必要とする公共サービスの提供主体としての自治体の在り方を、社会の諸問題に照らして考えた時、基礎自治体数の削減とその自治体規模の拡大によらない、つまり合併によらないかたちの次善策としての自治体間協力のかたちを検討していく。この際、自治体の範囲づけ、つまり、どこまでが自治体たる役割を行使され

うるのかについても考えたい。そして、この自治体間協力が、日本の地方自治にいかなる影響を、つまり、可能性をもたらすか、述べたい。

なお、この点、フランスでは、コミューンと呼ばれる基礎自治体が存在し、多様化し複雑化する行政サービスに対応するため、地域間におけるまた組織間における協力が有効に機能し、自治体間協力を考える上で、非常に有力な先行事例が多々あることから、検討を加える。

さらに、イギリスでは、大ロンドン地域の人口増加と県制度によって賄いきれない、広域の行政需要に対応するべく、地域行政改革が行われ、政治的色合いも踏まえて、自治体の枠組と制度上、度重なる変遷を経験した。この時期からの一連の流れのうちで、表出した課題や問題そしてグレーター・ロンドン・オーソリティー（GLA）の組織形態や制度は、地方自治においての在り方について広域な範囲にわたる行政における問題を把握するうえで、示唆に富むものとなっており、地域住民の公共サービスを住民に則したものにするための、重要な糸口を論者はここからつかみ取ろうと志向する。

まず、地方自治とはなにかという疑問を考える。

目　次

はじめに……………………………………………………………… 1

序章　地方自治とは ………………………………………………… 9
1　「地方自治とはなにか」から考えてみる ………………………… 9
2　補完性の原理……………………………………………………… 10
3　ミルと日本国憲法………………………………………………… 13
4　問いからの導き…………………………………………………… 14

第1章　日本の自治体のいま ……………………………………… 17
1　日本の市町村合併政策の始まり………………………………… 17
2　住民の意思がそれでもまだ反映されていた昭和の大合併……… 18
3　住民が取り残された平成の大合併……………………………… 21
4　住民という存在を取り戻した地方自治へ……………………… 25

第2章　自治体間連携としての自治体間協力……………………… 29
1　自治体間協力とはなにか………………………………………… 29
2　日本における自治体間協力の制度……………………………… 29
3　まとめ……………………………………………………………… 33

第3章　他国から学びとれる自治体間協力………………………… 35
1　コミューンからはじまる広域連携 ―フランスの事例― ……… 35
2　戦略的行政庁の総合調整とパートナーシップ ―イギリスの事例― …………………………………………………………… 41
3　自治体間協力の可能性を拡げるためには……………………… 49

終章　これからの日本の自治体間協力のかたち……………………… 51
　　1　広域連合という制度の見直しの検討……………………………… 51
　　2　広域連合の実態 ―隠岐広域連合の事例を検討する― ………… 54
　　3　空間的機能的に日本の地方自治体をみる………………………… 57

むすびにかえて ―学校運営協議会の例にみる新たな自治体間協力のかたち―……………………………………………………………… 59

　巻末資料 ……………………………………………………………… 62
　引用および参考論文・文献一覧……………………………………… 72

自治体間協力の必要性と可能性

装幀
KEISHODOGRAPHIC

序章　地方自治とは

1　「地方自治とはなにか」から考えてみる

　「地方自治とはなにか」という疑問に対して向き合うということは、地方自治を取り巻く制度や政策を考える上で、非常に重要なことである。水口憲人は、地方自治の根拠がどこにあるかという点から、J.S.ミルやR.ダール、G.ラングロットらの地方自治に対する考えについてそれらと対話し、また、民主主義との関係性からこの問いに向き合ってきた（水口2000、水口2005）。

　水口は、ミルの地方自治論の根底に、公共業務の「分業の原理だけからでも、中央権力と地方権力とにそれらを分配しなければならない」（Mill1886、p111）とする関心があったことに注目し、ここから地方における代議制機関の必要性を検討していたことを見出した。そしてミルが民衆の参加という視点からも地方自治を検討し、さらに、地方自治の必要性が、地方の「彼らの同国人たちの全体と共有しない、なんらかの利害を共通にもつ」という事実に求められていることをミルが考え（Mill1886、p113）、「純ローカル・マター的な」業務と合わせて、「各地方によってでなければ、地方行政の目的そのものと合致するようには運営されえない」業務の存在に注目し、中央地方を区別する独自性や個性があることを考えていたことを指摘している。これらのことから、水口は、ミルは地方自治の分離型モデルの立場で考えていたことを一連の考察から導き出している（水口2005、p4-6）。

　この分離型モデル（自治）の考えについて、水口は、別の機会にレアケーキの例を用いて説明をしており、この考えが1949年のシャウプ勧告の市町村優先原則を端的に表現したものとなっていることを指摘している（村松・水口、2001）。市町村優先原則は、国と市町村の役割を明瞭に区分し、市町村で対応できる事務はそこで完結できるようにするという考え方

であって、そこには、あきらかに分離型自治のかたちが想起でき、そしてミルのいう分業の原理がそこにはあるということを考えると、水口の指摘は正しいように思える。

　ところで、このシャウプ勧告について、片木淳は、地方自治法の規定に絡め、こう指摘している。

　「中央政府との役割分担を定める地方自治法第1条の2やシャウプ勧告の考え方に基づき市町村優先の原則を定める同法第2条第3項の規定も、「補完性の原理」を先取りしたものということができよう。」(片木2007、p8)

　つまり、シャウプ勧告が「補完性の原理」を先取りしたものであったということを片木は間接的に指摘しているわけであるが、この時、先ほどの水口の見解を踏まえてみると、ひとつの問いがうまれる。「補完性の原則＝市町村優先の原則＝分離型自治」という直列の図式が成り立つのかという問いである。ここで、地方自治とは何かという問いを一旦保留にし、補完性の原理とはなにかということについて考えてみたい。

2　補完性の原理

　補完性の原理とは、「ヨーロッパ地方自治憲章（European Charter of Local Self-Government）」により採用されている、社会の構成原理であって、ヨーロッパの地方自治制度の原則の1つを為す考え方である。

　加茂利男は、この地方自治憲章に地域性を重視して、European Charter of Regional and Local Governmentと英訳しているが、加茂は、この憲章には公務は住民にもっとも身近な公共団体が優先的にこれを提供し(「近接性の原理」)、そこで不可能な事柄にあっては国や広域団体が補完する（「補完性の原理」)、2つが採用されて原則化されているとしている（加茂2010、p17）。この場合における補完性の原理は、公務という役割に軸点をおいたうえで、もってそれを享受する住民の位置づけを加えて加茂は定義していると理解できる。

　一方、関谷昇は、この「補完性の原理」と地方自治の関係性を、まず権利関係性からとらえている。その際、遠藤乾は次の二つの考え方を内包し

ていると主張しているが、補完性の原理には、一般的に、(1)より狭域の主体の自由意志と自己の判断に基づく活動の自由をより広域の主体が制限すべきではないという権力抑制の発想と、(2)より狭域の主体の判断と活動に限界がある場合は、その限りにおいてより広域の主体が補完するという権力統合の発想があるという（遠藤2003、p207-228＊ただし、文中ルビは言葉の連続性を明確化する目的で論者が付したもの）。関谷は、この点に注目し、(1)の消極的側面と(2)の積極的側面の双方を統合的に「原理」として把えることによって、より狭域の主体の自立性が尊重され、諸共同体あるいは諸団体の間の権力関係と権限配分を教導する規範として原則化していくことができると適示している（関谷2007、p81）。

　また、関谷は、人民主権論を展開していたヨハネス・アルトジウスの考えについて、ヒューグリンの指摘を踏まえて次のように興味深い考察をしている。

　　共同体から完全に自立した「個人」が想定されていたわけではないが、「人民主権」に基づく自己統治と自己制御への道筋が「補完性原理」に基づきながら示されていたことは興味深い……（中略）……アルトジウスによる「補完性原理」の考え方には、（のちのホッブスが、秩序に動揺を与え、個々人を抑圧しうるとして排除することになる）中間諸団体および共同体論に対する積極的な評価が通底している。ここでは、家族や教会をはじめとした中間団体に固有の規則と機能・役割があることが尊重されているのであり、主権に先立ってそれら諸団体・共同体の自立性が強調される。……（中略）……（ヒューグリン2003、p235-250）。（関谷2007、p100）

　本論では、「人民主権」の制度に対する検討を行うことが、その目的ではないため、これについての検討を行わないが、このアルトジウスの「補完性の原理」の考え方について、中間団体や共同体論への積極的な評価の拠りどころとなっている点が注目に値する点であると論者も考える。現在の日本にこの状況をそのままあてはめることはできないが、アルトジウス

当時の家族や教会といった中間団体がその役割を担ってきたもの（共助・互助）が、人口の増加や社会情勢の変化における生活活動の広範囲化によってその枠組みや役割をこれらの中間団体から、より広域な活動体（公共団体）へと一部変遷し行政サービス化（公助）したこと、そして、現代化とともにさらなる生活範囲の変化に伴う地方自治制度の枠組と行政サービスが多様化し複雑化してきたことから、地方における２〜４層の現行の世界の地方自治システムが生じていると考えるならば、この地方自治システムにもアルトジウス当時の中間団体の役割・機能が尊重されていたこととする「補完性の原則」というものは、現行の地方自治の根底にあるものであると考えられるのではないだろうか。

> 人間が様々なレベルにおける団体や共同体に加わることによって自らの固有性を発見・形成・維持する「現実態」としての共存関係を志向していく存在である……（中略）……この共存関係を説明するものが、アリストテレスの「ゾーン・ポリティコン」を継承することによって見出された「共生（symbiosis）」という原理に外ならない。アルトジウスによれば、人間とは「共生者（symbioticus）」であり、政治とは「人々の社会生活を確立し、育み、保持するという目的のために人々を結合する技術」である（*Politica*, I-§§1-2）。しかもアルトジウスは、こうした共生に基づく共同体を、単一的で同質的なポリスとしてではなく、構成員が自らの生活基盤として自発的に営む複数の多層的な政治共同体として把えているのであり、それを「生活共同体（consociatio）」と呼ぶ。（関谷2007、p101）

そして、関谷は、アルトジウスとヒューグリンとの対話を通じて、人々が社会契約に基づいてではあるが、各生活共同体は、当該共同体で充足しえない必要性については、自発的な合意によってより広域の共同体に補完を委任するのであることを摘示し、国の成り立ちというものが下から上への蓄積でなっていることを改めて見出したことは、①明治の大合併による自然集落から市町村（公共団体）の統合の歴史が日本の地方自治の現状を

作り出している根底になっていること、そして②第二次世界大戦後の占領軍総司令部の改革方針に基づく憲法草案に影響を受けた憲法により保障された地方自治（法）が欧米の地方自治に影響を受けている点を鑑みるに、日本の現在の地方自治には補完性の原理という思考が介在していることがいえるのではないだろうか。

これらのことは、前節で検討したミルの地方自治論と日本国憲法の条文を検討することからも窺うことができる。

3　ミルと日本国憲法

ミルは、民衆の参加という観点から、地方において代議制機関の設置の必要性を論じていたこと、そしてその考え方の規定には地方自治の分離型モデルがあったことは、本章第1節で詳述していたところである。日本国憲法にも地方においては、その議事機関としての議会を設置すると条文化されていることから、どこか、ミルの地方自治の考え方に通じるところがあるのではないか。

　日本国憲法
　第92条　地方公共団体の組織及び運営に関する事項は、地上自治の本旨に基いて、法律でこれを定める。
　第93条　地方公共団体には、法律の定めるところにより、その議事機関として議会を設置する。

これらは、憲法第8章に規定されている規定であるが、ここにいう議事機関としての議会とは、地方自治の本旨に基づき、団体自治と住民自治をその役割として持つ、地方のおける住民による代議制議会にほかならない（憲法92条、地方自治法第1条の2の2項）。

であるとすれば、住民自治についてその役割は民衆の参加による自治を規定していること、そしてその代議制機関であって議事機関である議会を地方に置くことを規定していることを鑑みると、日本国憲法にもミルの立場に依拠されたような地方自治の分離型モデルの考えが介在していること

がいえるのではないか。

　ただし、日本が完全なる分離型の地方自治でないことは、そしてそのような形態が理想的であるかもしれないということは、前者については、統合型自治というモデルにて村松岐夫ら（村松、1996）が、後者については松下圭一が「官治・集権」VS「自治・分権」という課題設定の背後にある規範意識について水口憲人が分析している（松村・水口、2001）点において明らかにしている。

　つまり、分離型モデル的な思考が日本国憲法にも介在しており、地方の財政基盤の脆弱さを指摘し地方自治体の基盤強化について言及した、1949年のシャウプ勧告や1950年の神戸勧告による見方も日本の地方自治制度の根底に影響を及ぼし、現在にいたっていると論者は考えている。であるとすれば、第1節でたてた問いにも少なくとも多少の答えが出せるのではないだろうか。水口によるR.ダールの地方自治の考え方の始源たるJ.S.ミルの地方自治論の検討は、我が国の地方自治を憲法からも導き出している。

4　問いからの導き

　第1節、最後の問いが思い出される。「補完性の原則＝市町村優先の原則＝分離型自治」の直列の図式が成り立つかという問いである。

　第2節では、補完性の原理とはどういったものであるかについて考えてきたが、現在の日本の地方自治に補完性の原理が地方自治法という形で原則化されていることは第1節で片木によって指摘されており、そしてその指摘についても、これまでの検討によって概ねそうであると言えうる。

　つまり、この図式は、日本の地方自治にあてはめることができ、日本の地方自治にあっても第3節の通り、地方自治のモデルが完全なる分離型ではないにしろ、補完性の原理が介在していることをいうことができる。

　加茂利男も、日本では事実上「近接性」の原理を軽視して「補完性」原理を強調する傾向があることを述べている通り（加茂2010、p21）、日本にあっても補完性の原理が存在していることは捉えられよう。

　しかし、「包括的基礎自治体」概念の捉え方の例によって、加茂も指摘していることではあるが、日本では補完性の原理の捉え方に曲折があるよ

うだ。つまり、補完性の原理の本来の使われ方ではない、別の意味合いによってそれが強調されすぎており、その意義が錯綜しているというのが現状であろう。

　論者は、これまでの検討を踏まえて、補完性の原理について次のようにまとめる。

　補完性の原理は日本の地方自治に取り込まれている概念であるが、欧米で意義づけられているような意味合いでは使われておらず、そちらの方が強調されすぎたが故に、また中央地方関係におけるワンセット主義の影響により、その存在が覆い隠され、近年まで日の目を見ることがなかった。しかしながら、地方分権の議論が盛んになるにつれ、その点に論及がなされるようになった。これからの日本の地方自治を考える上で、「補完性の原理」はその原則の一つとして考え、検討をしていくのが適当である。

　そして、住民ということを念頭にこれを基軸とした「補完性の原理」を考えるには、住民に影響のある政策や役割は住民に最も近接した自治体がすべきであるとする「近接性の原理」と合わせて相互に考えなければ、その原理の精度が疑われることになる。

　したがって、論者は、「補完性の原則」と「近接性の原則」が日本の地方自治の１原則にもなっているという立場で、これからの自治体間協力の議論を進めていく。

　なお、改正地方自治法第１条２の２項において、地方と中央（国）の役割分担を明確に定め、ワンセット主義から転換したことが条文化され、これは、日本における補完性の原則を考える上で、重要なものであることを添える。

第1章　日本の自治体のいま

1　日本の市町村合併政策の始まり

　自治体間協力のその主体たる自治体について、協力そのものを論ずる前に触れなければならない。今現在、日本の市町村数は、1727である（2010年3月総務省調べ）。しかしながら、はじめから1727市町村であったわけではもちろんないことは、論者があえてここで語らなくとも、史実がこれを語っている。

　明治21年当時、ちょうど江戸時代が終わり明治時代に移行した時、時代の流れとともに集合した人々が自ら共生し形成してきた村落＝自然集落は、71314あったとされる（巻末資料図1　総務省資料2010年4月1日）。江戸時代の人々の住まう自然集落は、「村八分」と呼ばれる言葉に物語られるように、村ひとつで人生が完結できるよう、そして支障が生じたときは、家近所隣り同士、あるいは村単位で助けあっていたほど、共助や互助の結びつき、人々の結びつきが強かった。

　その自然村落は、江戸時代には幕府が領土を割拠し、武士に所領を分け与え管理していたため、それらの支配者（藩であったり、代官であったり所により様々）によって、集落民の管理ができていたほか、課税や犯罪行為の管理などもそれらの預かりによって秩序づけられていた。さらに、近世の訴状箱（目安箱）制度に精通している、大平祐一によれば、江戸幕府による統制化にあったこの時代であっても、訴状箱制度によって訴えの保障がなされており、民の提言を政（まつりごと）にまで反映していたとする（大平2000）。江戸時代の訴状システムについて、ここで論じるつもりはないが、ここから判じ得ることは、支配者の個々の判断に左右されることになるにしても、政を行う際には、その民の意思を無にはしていなかった、逆にその民の意思を取り入れていた点について、注目すべき点がある。ただし、村上弘は、この点、この訴状箱制度をその当時の2〜3個程

度の住民自治のうちの１つでしかないとして、江戸時代の状況を現在の団体自治と住民自治の概念をあてはめて解釈しているような論拠をしている面がある（村上2003、p4）が、これは封建制度化においてその制度と全く異とするところの制度から生まれた住民自治という概念をあてはめているという点で不適当であるといえよう。論者は、訴状箱制度を住民自治であるとしてこれを注目しているのではなく、政治体への構成員の意思の反映が、このような封建制度のもとであっても保障化されていたという事実が、のちに論ずる実施されている広域行政組織の現行システムにおける住民の意思の反映状況と絡めて、注目に値する事柄だということである。

　もとい、そのような支配制度から脱却した状態の地方をどのように統治すべきであったか、それが明治初期の当時政府の一課題であったことだろう。そのような状況下でつくられたのが、市制町村制（明治21年４月17日法律第１号）であった。

　しかしながら、自然集落をこの近代的な制度にはめ込むには、必要な事務をする規模に見合わない恐れがあるため、自然村落を編成してその制度に見合ったものとする必要が出てきた。これが明治の大合併の開始由来である。

　明治の大合併とは、近代的地方自治制度である「市制町村制」の施行に伴い、行政上の目的（教育、徴税、土木、救済、戸籍の事務処理）に合った規模と自治体としての町村の単位（江戸時代から引き継がれた自然集落）との隔たりをなくすために、町村合併標準提示（明治21年６月13日内務大臣訓令第352号）に基づき、約300〜500戸を標準規模として全国的に行われた町村合併である（総務省市町村合併資料集内定義より）。これによって、市町村数が、39市15820（町村）となり、全体数で約５分の１へ縮編され、そして市町村としての初期の枠組が出来上がったのである。

２　住民の意思がそれでもまだ反映されていた昭和の大合併

　終戦後に成立した地方自治法（昭和22年５月３日法律第67号）によって、日本の地方自治は今期のような地方自治体へと姿を変えることになる。世界に比類なき税制の仕組みを日本に構築することを考え来日したシ

ャウプ使節団により、地方自治体の財政の弱さを指摘される。この勧告には地方自治の基盤強化を目的とした意図が介在し、この勧告の考え方から今日の地方自治を考える上でキーとなる市町村優先の原則が地方自治法第２条３項に取り入れている（片木2007、p8）。補完性の原理が、日本で萌芽を出したその時である。しかしながら、この市町村優先の原則は、市町村でできることはすべて市町村に任せるのがよいと意味合いであったが、これが国の仕事は極力少なくし、住民行政に関する事務全般すべてにおいて基礎自治体にさせるのがよいという方向で捉えられていくことになり、結果、中央地方との関係性により、地方行政のワンセット主義化につながってしまった。序章でも触れたが、加茂利男が、事実上日本において補完性の原則が強調されすぎてしまっていると判じているのはおそらくこのためであろう（加茂2010、p21）。

　そして1950年の神戸勧告を受け止め、これらを踏まえたうえで、基礎自治体の新しい事務について、新制中学校の設置や管理に関する事務、自治体警察の創設の事務、社会福祉等に関する事務、保健衛生関係や市町村における消防に関する事務がこれにあたるとされ、そのためには、町村の人口規模数において8000程度が良いとされたため、1953年の町村合併促進法（昭和28年10月１日法律第258号）の制定とともに合併が大規模に行われた。これが昭和の大合併の始まりである。この時点での市町村数は、9868自治体あったが、1956年に施行された新市町村建設促進法（昭和31年６月30日法律第164号）によってさらにこの数が4668自治体へと大きくその数を減らしたのである。

　この時期の市町村合併は、後述する平成の大合併と異なり、新市町村建設促進法の第５章に町村合併に伴う争論の処理及び未合併町村の町村合併の推進という章目が設けられている点について注目したい。第26条～第29条まで規定されている項目には、紛争処理に関するあっせん事項が並べられ、この時期の合併が如何に争いの火種となっていたことを物語る。それには、この法律に規定されている補助金や特例のためによるものだろう。

　新市町村建設促進法の第３章には新市町村建設計画の実施の促進と銘打った、補助金事項と特例事項のオンパレードである。法第11条では、「国

は、新市町村建設計画の調整を促進するため必要があるときは、予算の範囲内において、新市町村及び関係都道府県に対して補助金を交付することができる。」と新自治体の建設にわたり必要な補助金を交付できるように規定されている。法第12条～13条では、市町村に交付でき補助金の費目が細則化されており、小学校や中学校建設にかかわるものや消防自動車の購入にかかわるもの、病院、診療所等の医療施設や保育所といった厚生施設、公営住宅の整備、道路などの整備費用にまで及んでいる。そして補助項目は、当該市町村（新市町村）の永久の利益となる事業にまで及んでおり、新市町村建設に支障がないようまた、新基礎自治体の新しい事務における必要な支出のすべてが網羅されているとあれば、戦後の復興初期における行政サービスの充足差をなかば欲している、住民からするならば、合併に対する意欲は並々ならぬものがあったことは、この法律の内容からでもわかりえることである。

　この点、青森県旧長富村の合併の変遷に注目する。以下の事項に関しては、2010年8月～2011年1月までの旧長富村域住民（現五所川原市大字長富域内における住民）への聞き取り調査を参考に五所川原市史等も踏まえて記述しているものである。

　この旧長富村は、明治の大合併を経て1889年に嘉瀬村（当時）へと編成され、町村合併促進法により1955年に金木町（当時、旧町制）、喜良市村（当時）と嘉瀬村が合併し、金木町（新町制）となる。

　しかしながら、1956年の新市町村建設計画の施行に絡めて、旧長富村（当時大字長富域）がその境界を接する五所川原市側から強い引き抜きにあった。これは、旧長富村域の住民の一部には金木町との合併を良いとしないという意見が根強かったことに、当時の五所川原市議らが敏感に反応したことにもその端緒がある。

　五所川原市側と金木町側の旧長富村域をめぐる獲得争いは壮絶を極めた。五所川原への分離編入に賛成する住民らは、五所川原市議らとともに集会を開き、水道がきちんと整備されることや、規模の利益が大きい自治体にはたくさんあるということを連日連夜訴えたそうである。金木町側でもそれに対抗し、反対派住民を交えて税金（地方税）が高くなることを声

高に唱え、有力者を投入して説得に当たったとされる。住民たちは、賛成派反対派で二分され、それぞれを取り込むため、当時の自治組織を用いて、話し合いを行い、投票行動によって、五所川原市への分離編入の是非を決着することにした。結果は後述するとして、この事例には、住民の身近な問題を住民が十分話し合い、時には大激論争を踏まえ、最終的には自治組織等を用いてその意見を相互に調整し、投票行動によってこれを決することにしたということが注目すべき点であろう。ここには、補完性の原理と近接性の原理が存在したのだ。そして、ひとつの政策や方向性（どちらに加わるべきか）を、様々な角度から話し合い、そしてその域内の利益にかなう判断は投票行為によるべきであるという結論を、（当時の自治体の規模からいうならば）住民と当該市町村との中間団体に値する自治組織が総合的に調整し、住民たちに示し、住民はそれに納得し、投票行為によってこれを決することとした。アクターとしての賛成派、反対派を、それぞれの政策利益集団であるととらえるならば、これは、現代の自治体間連携の構図にかなうものである。

　論者は、この事例から、自治体間協力における可能性を論じる際の重要なきっかけを見出したのである。なお、投票の結果、住民の約3分の2が五所川原市への分離編入に賛成したため、1956年旧長富村域（大字長富）は五所川原市（当時）へ編入されることになった。本節では、昭和の大合併では、住民の意思がしっかりした介在が見受けられ、また合併に対する賛否を分かつ住民団体（住民同士の集まりであるが強固なものである。）間の協議があったこと、そしてそれを域内全域で調整するしくみがあったことに着目することに意義があるため、この事例以後の利害関係の結果については、これを論じない。

3　住民が取り残された平成の大合併

　1995年に出された、地方分権の推進を図るための関係法律の整備等に関する法律（平成11年7月16日法律第87号）通称地方分権一括法によってはじまった、平成のこの時期以降の合併の一連の潮流、それが平成の大合併と呼ばれるものである。

この平成の大合併について、総理大臣の諮問機関である第29次地方制度調査会が、「平成11年（1995年）以来の全国的な合併推進運動については、現行合併特例法の期限である平成22年（2010年）3月末までで一区切りとすることが適当であると考えられる。」（第29次地方制度調査会答申書平成21年6月16日）と答申していることから、この合併についての結果の検証をすることが必要である。

　平成の大合併の総括や成果は、今後多くの研究者や行政体によって検討され、多様な評価が加えられるだろう。本論では、以下の点により注目を絞り、検討することをもって、日本の地方自治における自治体間協力の必要性が、平成の大合併の結果からも明らかであろうことを示すにとどめ、その他については、他稿への期待とする。

　平成の大合併について、論者は、第2節で述べた昭和の大合併との対比も勘案しながら、住民を軸とした視点からどのような利益やまた弊害がなされたのかを、事例等も踏まえて検討し、もってこれからのすすむ日本の地方自治のかたちについて考えたい。

　合併による評価を見てみた。第29次地方制度調査会は、地方において、①合併により市町村の規模が大きくなることによって、住民の声が届きにくくなっているのではないか、②周辺部が取り残されるのではないか、③地域の伝統・文化の継承・発展が危うくなるのではないか等の懸念が現実化している地域もあると評価している。「懸念が現実化」という実に間接的な表現であり、論者は現状を直接的に答申しようとする意識の欠如が感じられるが、懸念が現実化、つまり実際このような弊害に苦しんでいる自治体が多く存在していることをこの答申からも述べていることがうかがえる。

　さらに、総務省の報告は答申書内容をさらに叙述している。

　　市町村合併は地域の将来を見据えて行われるものであり、その本来の効果が現れるまでには、市町村建設計画等で一般的に定められている10年程度の期間が必要であると考えられる。したがって、大半の合併市町村で合併後3～4年しか経っていない現時点においては、<u>短期</u>

<u>的な影響の分析に止まらざるを得ないが、多くの合併市町村において、合併の評価は大きく分かれている。</u>
　<u>特に、</u>行政側の評価と<u>住民側の評価が必ずしも同じものとはならず</u>、各種アンケート等によれば、住民の反応としては、「合併して悪くなった」、「合併しても住民サービスが良くなったと思わない」、「良いとも悪いとも言えない」といった声が多く、「合併して良かった」という評価もあるが、<u>相対的には合併に否定的評価がなされている。</u>
（総務省『平成の合併について』2010年（平成22年）3月5日）
〈＊ただし、引用文中下線部分は、論者の注目した部分を強調したものである。〉

　財政効率化と規模の拡大をはかり、もって住民サービスの質が向上すると声高に提唱して開始された平成の大合併であったが、実際のところ、住民の一番身近にあって住民の生活に大きく影響を与える行政サービスの低下という否定的な効果を及ぼす結果となったことは、明白である。報告書では、「地方自治体と住民の第一線の窓口が、合併により本庁支庁化され、本庁へと主要機能が一括集中化されたために、支庁域内で従来であれば少なからず提供されていた行政サービスが受けられなくなった」とする高知県や熊本県のような事例や「合併前の旧町村区域が総合支庁化され、職員数が大幅削減されたことにより、その地域における行政対応が不効率化する」といった神戸新聞や西日本新聞の指摘がみられるとこれらの実態があることを認めている。そして、青森県五所川原市でも、総合支庁化による地域内での行政区分に応じた（林野、農業、税務など）役割ごとの行政窓口の減少や、飛び地合併による、市町村の行政サービスの提供の仕方にも大きな弊害を生じていることが見受けられる。五所川原市では、本庁に通う必要のある住民に対応するため、飛び地である旧市浦村域ならびに隣接する旧金木町域と本庁を結ぶ無料のシャトルバスを運行させなければならなくなるといった、合併による効率化や集積による行財政改革が、新たな行政支出を生みだし拡大させている現状も見受けられる。
　今回の合併は、住民のための、住民に向けた合併ではなく、国のため

の、国優先の合併だったのである。すなわち、中央の政策を実現するための、団体自治の区域を効率化だけを目的をして再編成し、もってそこには住民自治という意識を関与させていなかったということがいえる。

ところで、全国的な人口減少や少子高齢化に伴う日本の高齢社会の現状、その中にあっての巨額の債務を中央地方とも抱える中で、住民のニーズによる行政サービスの複雑化、多様化に対応するため、基礎自治体の適切な行財政基盤を確立することをその課題とした点では、昭和の大合併の際の課題とその目的が共通している点が、注目すべきところであろう。

では、昭和の大合併とどこが違うのか、端的に述べれば、その利害行動が一致しているかそうでないかという点にある。昭和の大合併には、第2節で述べたが、①地方自治体による地方税収の基盤を強固なものとし、もって国力の回復につなげるといったシャウプ勧告に基づく国の利益と、②公共サービスの受益者である住民の、戦後復興からの行政サービスの需要が多様なものへの拡大しそれをどのように実現させるかの利害が一致したという面があった。故にそこには住民の強い関心がえられ、住民による協議が各地で幾度も行われ、それが争議に発展する事例も生じ、新市町村建設促進法にも争議解決の手続きまで条文化された迄に至った。地方中央ともにそこには、住民の意思が何らかの形で反映されていたのである。そして、新市町村建設促進法に規定された補助政策は、基礎自治体を構築し、もって住民の行政需要に対応するために不可欠な設備整備や政策への有効な施策であったのであり、この効果が住民に正常に帰しているという点が平成の大合併に見られない点である。

一方、平成の大合併は、国の政策の利害だけが一致していた。住民の存在は置き去りである。そのことは、市町村の合併の特例に関する法律（平成16年5月26日法律第59号）の条文からも窺い知ることができる。住民の争議斡旋等の手続きが昭和のそれとは異なり、規定されていないのである。

この点については少々性急な面もあることに言及したうえで次のように考える。つまり、争議の解決の手続きが条文化されていないことが、中央の強硬的な姿勢の裏返し、すなわち、住民自治の面は考慮せずとも、団体

自治的側面の区域改革によっての効率化だけを重んじた末に財政が回復する流れを是非もなく作り上げることが日本の現状の存続につながるはずであると、中央はかたくなに考えていたのではないかと読みとれることを論者は考察する。したがって、そこには、住民の行政需要に対応できる形としての、合併政策を全く考慮していなかったという分析ができるのである。

　また、補助金の交付の仕方や、その費目についても、いわゆる箱モノ建設に特化したものが大きく、多くの市町村は「もらったものは、つかわなければ」という視点で必要性の薄い施設の建設にあてるなどといった、公共投資を次々増幅していったことから、この補助政策は、行政支出の弊害的拡大をはかってしまったという面において、（行政需要の正確な捕捉等が誠に）不用意なアメ政策であったと結論付ける。この点、昭和の大合併で見られた補助政策が住民の行政需要に資するものであったこととすると、平成の大合併の補助政策には、全くこれにそぐわないものであったものだったと解することができる。

　その点を踏まえたうえで、今後どの点において、地方自治を考えていかなければならないのか、次節で考える。

4　住民という存在を取り戻した地方自治へ

　先の第29次地方制度調査会は、その答申によって、事務処理方策に関する基礎的な考え方として、次のように述べているが興味深いものとなっている。（第29次地方制度調査会答申書　平成21年6月16日、p6-7）

　「現在、<u>市町村が置かれている状況や課題は多様であり</u>、今後の市町村における事務処理のあり方を考えるに当たっては、このような市町村の多様性を前提にして、それぞれの<u>市町村が自らの置かれた現状や今後の動向を踏まえた上で、その課題に適切に対処できるようにする必要</u>がある。このため、市町村合併による行財政基盤の強化のほか、<u>共同処理方式による周辺市町村間での広域連携や都道府県による補完などの多様な選択肢を用意した上で、それぞれの市町村がこれらの中</u>

<u>から最も適した仕組みを自ら選択できるようにすべきである。</u>」
〈＊ただし、引用文中の下線部分は、論者の注目した部分を強調したものである。〉

　この答申書では、市町村が置かれている状況や課題が多様であることが指摘されている。論者は、この点について住民の介在を見ることができると認識する。なぜならば、状況や課題とは、人口にかかわるもの（人口減若しくは大都市圏にあっては人口の大きさゆえの行政需要など）、地理的要件にかかわるもの（飛び地や山間地域など）、高齢若しくは少子化のともなうもの等々様々列挙できるわけであるが、これらはすべてそこに住まう住民の生活と行政がどう向き合うかという１点に尽きているといえるからである。
　現状を把握するにも、その住民の生活について考え、そこに生じる行政需要の検討がなされなければならない。
　そして、この答申書は、広域連携や都道府県による補完の必要性を認めている。これらは、全国一律によって一様に合併政策を強いてきたことによって、行政サービスの低下を深刻化させていることに対する反省に基づいた答申であるといえる。一様さでは解決できないことを認め、様々な地方自治の在り方を認める必要があるとしている。この点に関して、加茂はその必要性に遅くとも1995年の時点で気付き、その必要性を論じている（遠藤・加茂1995、p114）。
　「住民の生活と向き合う」これには、非常に多くの意義が含まれている。生活の中には、現在のかたちを醸成する過程で培われてきたその地域性や、そしてその地域内を一個のものとして認識するアイデンティティが広く内包している。平成の大合併に、住民の賛意が得らないのは、こうしたことからくる、住民の拒絶もその一因であるといえよう。
　現に、青森県旧浪岡町はそうした地域であった。2005年に青森市と対等合併をして消滅した。合併特例法の恩恵を最大限受けるため、性急に合併を強行されたこの街には、賛成派と反対派の入り乱れる情勢であったが、反対派が多くを占めていた。そのため、当時の賛成派の旧浪岡町長は、買

収工作までして議会の一部を掌握し、青森市との強硬合併に踏み切った。

　旧浪岡町は、青森市と区域は隣接しているが、山間部に覆われたのどかな町であった。稲作、林業やりんご農園をはじめとした農業が盛んであり、①交通面からも青森中心部と離れすぎていること、また②大都市である青森市との合併により、旧浪岡町内が衰退していくのではないかとする意見が多数を占め、そのために住民の過半数以上が反対的な立場であった。一部地域では、青森市よりも旧常盤村（現藤崎町）との交流が強い地域もあったため、地域性を共有しない青森市との合併には反対の意見が根強くあったことが事実として確認される（東奥日報紙面）。

　合併によって、地域性が無視され、住民の反発が強く、その後も尾を引き、結局、旧浪岡町は、一部域が藤崎町へと分町編入をしてしまう結果となった。そして、コンパクトシティを進める青森市政のもとで、残された浪岡町域は取り残され、今現在は、弘前市から青森市へと抜けるバイパス道の単なる経由地的側面を帯びた地域となってしまった。

　前述の五所川原市と同様、旧浪岡町域庁舎と本庁や青森中央病院と連結する行政による無料バスを走らせるなど新たな行政支出も拡大しており、住民の望まない行政の在り方を現状にさらしている。ここで注意したいのは、青森市におけるコンパクトシティの政策の善し悪しに言及するものではない。ただ、合併によって、住民の生活が崩変し、そこには行政サービスの質の向上たる状況は、微塵も感じ取れないということが顕著なことである。

　また、群馬県旧松井田町のように合併後も分町をするため活動を展開したりする組織を内包する町もあり、町としての一体性を失いつつある自治体も存在する。ここには、地域住民を無用な反発運動に引きずり出し、それを収束される方策も見出されないまま放置されているという、不用意な行政コストを生じさせているのだ。

　論者は、住民を軸とした検討を加えるならば、平成の大合併は、不用意なアメ政策と不用意な行政コストの発生の二重の弊害政策であると論じなければならない。

　これらを回復し、もって地方自治体の変革をすすめるならば、空間的機

能的にこれらを検討する（加茂2010、p6）必要があり、また地制調における答申からすると、それは、大小問わず、自治体間での協力や連携を構築することであって、アイデンティティの無視による無用な行政コストを避け、もって住民の行政需要に資するためには、自治体の原則である「補完性」や「近接性」を再認識し、これらを意識した、協力関係の構築の検討が、これからの日本の地方自治のありかたについてなされなければならないのである。

第2章　自治体間連携としての自治体間協力

　第1章では、日本の地方自治のこれからの在り方について、自治体間での協力関係が必要であるということを論じた。もって、この章では、現行の自治体間協力の制度について触れ、日本にどのような自治体間協力が可能性として考えられるかの前段階の議論をここで考える。

1　自治体間協力とはなにか
　自治体間協力とは、広域にわたる行政課題に対応するため、単一の自治体を越える能力を確保し、または能率的・効率的な行政を行うことなどを目的として、自治体の区域を越えて事務の共同処理、行政サービスの提供を行うことである（都築2001、p131）。
　この定義について、自治体間協力の可能性を狭めてしまっている定義であると、論者は考えている。自治体間協力では、必ずしも能率的に、そして効率的な行政を目的として行うべきではない。率の改善ばかりを追い求めた場合の集合化の弊害は、第1章で述べたとおり、合併政策にあらわれているのであって、ここには、補完性の原則や近接性の原則を考慮したうえでの共同処理、行政サービスの提供にかかわる協力のしくみが考えられなければならず、それが、論者の考える自治体間協力であるからに他ならない。また、ここで問われる、自治体とは、どこまでがそれに値するのかについても、つまり主体の検討についてもなされなければならない。自治体間協力が何であるのかについて、このような考えに軸をとらえ、日本や海外の現行の制度について触れていく。

2　日本における自治体間協力の制度
　日本における自治体間協力のしくみについて、阿部昌樹や都築岳司らの分類をもとに、3類型に大別できる。①地方自治法に直接の根拠規定があ

るもの、②地方自治法に規定された自治体間協力のしくみのいずれかと類似し、そしてその類似した自治体間協力の仕組みに関する地方自治法の規定のかなりの部分が適用もしくは準用されるものの、直接の根拠規定は地方自治法以外の法律に置かれているもの、および、③法律上の根拠を持たない事実上のもの3種類である。（加茂・稲継・永井2010、p164ならびに都築2001、p131）

　ところで、論者は、自治体間連携と自治体間協力という言葉の用いられ方について、厳密にいえば、行為か体制の形態かによる捉え方の違いであるため区分されても良いのかもしれないが、連携という行為によって、協力という関係性が構成されていると理解しているため、一連のものとして、状況を忠実に捉えるとすれば結果的な状況をいいあらわす方が、この概念を表現するには相応しいと考えるため、「自治体間協力」という言葉で、これらを把握することとした。

　以上、3種類に大別されたときどのような機関が該当するのか、阿部が摘示しているものをわかりやすく簡潔にまとめてみた。（加茂・稲継・永井2010、p164-176）

① 広域連合や機関等の共同設置、全国市長会などの機関の全国的連合組織、一部事務組合、全部事務組合、地方開発事業団、公の施設の区域外設置および共同利用に関するものなど13形態
② 「高齢者の医療の確保に関する法律」に基づく後期高齢者医療広域連合、「市町村の合併の特例等に関する法律」に基づく合併協議会、学校教育法に基づく小中学校を設置し運営する事務処理のための組合など
③ ②の合併協議会前の任意協議会、異なる自治体の議員や職員相互間の、職務外における「私的コミュニケーション」（田口2008、p161）など

このように、阿部の考えから察するに、自治体間協力を考える上で、自治体を国や都道府県、市町村そのものや、それに属する職員など、純粋な公的機関の範囲にとどめているが、NGOやNPOといった公共部門と民間部門の交わりによる準公的機関のような存在も出現してきていることか

ら、この限定的な解釈が自治体間協力の可能性を狭めているように考える。

　そのNPOの実例であるが、市町村域であれば京都市におけるガイド事業の一翼を担うなど、従来公共の分野が担ってきた観光分野に参画しているケースや宇治市のNPOのように京都府と連携してまちづくりに貢献している事例があるなど、公共の分野に民間の組織や、地域の自治的組織が関与している例が多々あり、これに関しても自治体間協力の枠組として②ないし③の分類に加えて捉えた方が視野を広げ、可能性を柔軟に考えることには良いのではないだろうか。

　その意味において、自治体間協力の自治体という捉え方について、以上のように、限定的に解釈するのではなく、自治に関する人々の集合体、もしくは自治において自然的な集合行為によって形成された組織もしくは団体と定義し、もって①公的なものと公的なもの間での協力、②公的なものと私的なもの間での協力、③私的なものと私的なもの間での協力として、NPO間同士の協力についても公共分野に属する役割を果たしているものについては自治体間協力の枠組みでとらえる方が協力の幅を広げるという意味においては有効的であろう。この点、自治体間同士の連携、自治体と上位政府の連携、自治体と民間組織の連携も含めてフルストとモンフォートが考察していることを稲継裕昭が指摘している。そして、これらの連携の多くが自治体による自発的なものであってその大きさや管理権限や資源は自治体の協議にゆだねられているとしている。（加茂・稲継・永井2010、p187）

　ただし、日本におけるNGOやNPOの設立目的が単一目的であること、NPOに至っては、参加がその目的について賛同する一部住民等といったように、域内住民の意思ということよりもその参加者における一部の意思を色濃く受けた組織形態であるため、これらと単純に自治体間協力によって、その協力についての特権的位置づけをするということには、論者は否定的である。あくまでも自治体間協力の枠組みをとらえる上で、域内住民についての意見を反映できる組織との協力を念頭において考え、その協力の可能性を引き出すことが必要であって、その上で、このような民間部門

との協力の枠組みが域内住民の益にかなうことに資するものになり、協力の有効性が発揮できる。民間部門との協力関係性を検討するにあっては、住民の意思の反映性の程度を勘案し協力の可否を判断する等といった協力における構築条件のようなしくみが必要であることを添える。

　もとい、日本では、自治体間協力についてこのように多くの枠組みが存在しているが、これが自発的に利用されているかについては否定せざるを得ないだろう。特に①、②の類型に属する何かしらの法律で定められた自治体間協力の枠組みには、自由に連携を組めないとする状況が認められうる。阿部は、後期高齢者医療制度における広域連合の例を挙げ、この制度が異質なものであるということを訴えている（加茂・稲継・永井2010、p161）。論者の理解では、阿部が、この制度は官製連合であると考えているかに判じ得る。広域連合の目的、そして自治体間協力を利用するか否かについては自治体にゆだねられるといった法律上の意図が、自治体間協力の様々なしくみのいずれもについて存在し、そして公益上の必要がある場合についても総務大臣等の法的拘束力の「勧告」にとどめて自治体間協力の利用における判断の各自治体の自主性を損なわないようにしている配慮しているにもかかわらず、この勧告について定めていることも自治体の自主的判断を制約するものである等の批判があったことを阿部が幾人かの研究者の見解から指摘していることからも、この既存の自治体間協力の利用には何かしらの国の関与が、つまり「上からの」押しつけの方策たるものが垣間見えるのではないだろうか。（加茂・稲継・永井2010、p161）

　加茂利男もこの点については、自治体における連合権としてとらえており、自治体の自治体間協力には利用の制約が広くあることを認めている。「協議会・一部事務組合とか複合事務組合・広域連合のような制度を法律で細かくつくることはむしろ余計」であるとして、自治体に一般的に連合権を認めて、自治体間協力の利用のフリーハンド化をうたっている（遠藤・加茂1995、p84）。確かに、日本の自治体間協力は、その利用にかなりの法律上の制約があるという状況が言えるであろう。いわば、日本では自治体間協力の先端を走っていた広域連合のしくみであっても、その利用のされ方は、総合的な行政の様々な役割を担っている12団体を除き、法律

上の必要がある、介護保険制度や国民健康保険事業にかかわるもの、廃棄物処理にかかわるものや前述の官製連合である後期高齢者医療制度による広域連合がほぼすべてであることがわかる（本論巻末資料図2）。フリーハンド化＝自由設計ができる自治体間協力を考えるには、設立においての自治体の裁量についても考える必要がありそうである。

3　まとめ

　第1節では、自治体間協力とは何であるかの確認が、そして第2節では、日本の自治体間協力がしくみとしては様々あるということ、しかしながらその設立や事務内容には、法律上のつまり国による「上からの」制約があり、そのうえで成り立っていることが事実として存在していることを確認できた。

　次章では、他国においてはどういう形で、自治体間協力が捉えられ、どのような枠組があるのかについて検討する。

第3章　他国から学びとれる自治体間協力

　加茂利男は、欧米諸国の事例と国際比較検討することによって、日本の地方行政改革の中には、「合併」による自治体の区域改革だけがクローズアップされ、空間的機能的再編成の議論が置き去りにされていることを指摘している。加茂のいう空間的機能的再編成とは、合併に限られない自治体間の空間自治体の広域連携や連合などを、既存の自治体らとの間の位置関係や中央地方関係を踏まえたうえでのあり方（空間的）を考えながら、それらに整合する役割を住民自治に合致するようなもの（機能的）に再編成することであると論者は理解する（加茂・稲継・永井2010、p6）。
　このようなことから、加茂らの検討は、「合併に限られない」あり方を検討するうえで、有効的であり、そのうちより自治体間の区域改革と空間的機能的再編成の変遷についてわかりやすい事例である、まず、フランスのコミューンの自治についての考察を通じて、自治体間協力の在り方やその必要性について、これを考えたい。

1　コミューンからはじまる広域連携　―フランスの事例―

　片木淳のように、①リージョン政府、②広域政府、③地方政府、④近隣政府の4層構造による地方自治の区分階層（片木2007、p3）で捉えるとすれば、フランスには③と④の性格を併せ持つ、コミューンという、日本の市町村にあたるような基礎自治体が存在する。

> 「コミューンは人の物質的かつ社会的な日常生活を反映しているに他ならない。多くの村が過疎化してしまったが、村に住民がいるかぎり、独自の日常生活と独自の課題を持つ共同体がそこには存在し、したがってその共同体は独自の運命に対して自ら責任を負うべきである」

(「地方の役割の発展に関する委員会」報告書la Commission de développement des responsabilités locales 1976, Chap. 18：自治体国際化協会パリ事務所2008、p42：加茂・稲継・永井p15-16)
〈＊自治体国際化協会の刊行物であるクレアレポートでは、この委員会について「地方の責任の発展に関する委員会」と和訳されているが、コミューンの機能を論じる上で、responsabilitésを加茂のように役割であると捉えた方がよりコミューンの定義に関しては正確であるように考えられるため、本論では加茂の和訳を採用した。〉

　コミューンは、人の日常生活の表れそのものであるというこの定義は、フランスにおける基礎自治体が住民の生活の最も身近な所にある存在であることを示している。この意味においてフランスでは、「近接性」が最も重要なテーマであり、これとともに存在する「補完性」の原則よりも強調される価値となっている（加茂・稲継・永井2010、p17）。コミューンはその事務機能として、極めて少ないが、道路、電気供給、上下水道、家庭廃棄物、幼稚園と小学校の整備運営、墓地、都市計画、社会福祉、文化スポーツ政策などであり（ただし、現在は上下水道や墓地などに関する事務が除かれておりコミュノテに移管されている（加茂・稲継・永井2010、p58））、市長にあたるメールの職域も含めると、戸籍謄本や抄本の保有と発行、司法警察に関する事務なども含まれる。そこから、前述のコミューンの定義を鑑みるに、住民の一番身近でそれゆえに一番必要とされる生活課題に対応するために形成された組織体であった。そしてそれは、歴史的には1789年にコミューン制度として創設される以前の生活共同体として生活の要求する需要に対応するための集合体からの継続的なものである。これがフランスにおいてコミューンに人々が強い愛着を持つ所以だろう。アルトジウスの考えにそってこの強い愛着が表現されたとするならば、その「諸生活共同体の構成員が、「必要性と有用性」をめぐる「伝達」を「共有」することで共同体の意志を見出し、それに基づいて社会契約を結ぶ。……（中略）……」(Hueglin = 1999, pp. 152-168：関谷2007、p102)。
　論者の理解するところ、強い愛着の表れがこの社会契約によって強く結

ばれたことによるものであり、人の人生が続く限り「共有」するというこの社会契約は半永久であって、フランスにおけるコミューンの愛着が尽きないことの理由としてその答えを導いているのではないかと考える。

ところで、フランスには、コミューン間の広域連合体としてのコミューン間広域行政公施設法人が存在し、固有の税制を持つものと持たないものの二つに大別されるが、なぜ、このような広域行政組織が必要であったのか。これを検討することが、自治体間協力の必要性を論じるところのカギとなる。

第二次世界大戦後、世界的に、福祉国家化と高度経済成長に対応する必要が出てきた。フランスでもその対応に迫られたが、そこにはコミューンの細分化という行政基盤の脆弱さが問題として浮き彫りとなった。つまり、手厚い行政サービスを実施するにも、基礎自治体が小さすぎて、それに対応できないというのである。特に小規模コミューンは多くの場合、施設を共有するよりも各々独自の施設を持つことにこだわり、そのために必要な交付金と補助金を獲得するために競合していた。このことが合理化を妨げ、公金の膨大な浪費をもたらした。それと同時に、政策能力に欠ける小規模コミューンは、農村部の過疎化に歯止めをかけることができなかった。（自治体国際化協会 パリ事務所 2008、p40一部引用ならびに参照）。

これらのことから、当時内務大臣であったマルスランが対応して、コミューンの合併に着手したが、失敗に終わった。

ちなみに、フランスでは、コミューンにおける財政はその規模が小さいため、地方税の獲得が難しく、その財政基盤の多くを交付金が占めている。そして、その交付金のほとんどがコミューン維持にかろうじて必要な程度ほどしか配分されていないといったことが、コミューンにおける行政サービスに対応する能力の欠如要因としてあげられる。竹下譲によれば、その交付金は、日本と比較して、財源保障部分の割合が高く、地方自治体間の財政力格差を縮小する平衡化部分の割合が小さいのが特徴であるという。ただし、近年では、国からの権限移譲において、平衡化部分の割合を高めるような配分方法が工夫されていることに言及している。（竹下 2008、p254）

そして、その歴史的過程から、コミューンに対する愛着が強く、コミューンの中での結びつきが強かったことは前述のとおりであるが、これが合併の失敗した1つの大きな要因であるといえるだろう。(加茂・稲継・永井2010、p15-17：自治体国際化協会 パリ事務所2008、p41-42)。コミューンは、度重なる合併の流れに抗い続け、1789年の制度の誕生以来、数を伸ばし、現在では3万6千を超える数となっている。
　要するに、福祉国家化とともに需要の拡大する行政サービスの提供について、近接性の原則と補完性の原則の継承たる「コミューン」を存続させた形でどのように為していったらよいのかを考えた末、次善の策としての自治体間協力を生みだしたのである。
　日本は、地方自治に対してシャウプ勧告にあらわれていた「市町村優先の原則（補完性の原則）」を住民にかかわる事務はすべて市町村にさせるという行為の行き過ぎから、ワンセット主義が生みだされ、そのための必要な経費は、自治体の規模によって地域間格差を生じさせないようにひも付きの地方交付税というもので補ってきた。つまり、そこには、規模を問わずすべての自治体が同じ行政サービスを提供できるように資金を限りなく投入してきたことがうかがえる。
　フランスは、この問題を規模ごとにおける行政サービスの能力の面でとらえて対処していたが、日本は、規模にかかわりなく一般化の行政サービスの能力の面で対処していたことが把握できる。ここに、日本に自治体間協力が必要な糸口が垣間見える。フランスは、①地域性やアイデンティティの有する基礎自治体を存続し、住民のための政策が一番住民の身近なところで受けられるようなしくみを残し（補完性と近接性の原則による住民自治）、かつ②区域改革としての地方自治体の能力の限界を連携の問題に昇華し、その中で公金抑制や余計な行政コストを抑制するといった効率化の問題をとらえ（団体自治の面で議論をし）、その手法として自治体間協力を選択したことによって、両者を同時に成り立たせることに成功したということである。
　日本は、平成の大合併により、②の目的である行政コストの抑制には一部成果が見られたものの、①の面を損なう形となってしまった。そのこと

が住民の反発を生み、またすべての住民が公共サービスをその身近で受けられないようにする事態を招く等いった弊害を生んでしまった。第29次地制調の答申にもあるように、この後者の弊害をなくし、かつ地方行政改革を進めるには、自治体間協力が有効であるということを、つまり、その必要性があるということをフランスの地方自治から見てとれるのである。

そして、①この自治体間協力が役割として多様な協力のしくみを成立させることが可能であること、②協力の主体者としては基礎的自治体に限らず、それ以上の広域自治体間もしくはそれ以上の上位体との連携においても可能とするしくみであることがフランスの「ヴァレ・ダックス」コミューン共同体における他共同体との産業医を共同で設置するといった事例ら（自治体国際化協会　パリ事務所2008、p61）からも証し得ることから、ヨーロッパの地方自治のそれに見受けられる地方自治モデルと類する、統合型自治の様態である日本（村松1996）にとっては適した形といえるのである。なお、統合型とは、自治体の任務が広範であり活動量も多いこと、中央と地方の密接で複雑な協力関係があること、中央が両者をリードする傾向が強いことを特色とする地方自治システムである（村松・水口2001、p16）。

だが、フランスの一連の自治体間協力について、全く問題がなかったわけではない。

「コミューン間広域行政組織の発展により、次第に多くの権限がコミューンの領域を超えた範囲において共同で管理される対象となったことは、意思決定中枢の不透明性を徐々に高め、市民によるその理解をさらに困難なものとした。……（中略）……、間接的な手法で設立された機関に対しての、市民による直接かつ民主的なコントロールの難しさを浮き彫りにした。」
（自治体国際化協会　パリ事務所2008、p53）。

この報告書からもわかるように、自治体間協力が進むにつれて、いままで住民の身近な主体のもとで行われていた行政サービスの主体性が、あい

まいなものとなり、住民の関与が難しくなっていることがあげられる。つまり、その行政サービスの拡大とともに、実施主体が自治体間協力によって複雑化、多様化し、その住民による統制が及びにくくなってきているということである。野田昌吾の言葉を借りるなら、「規模の過剰」（surinstitutionalisation）による弊害である。（加茂・稲継・永井2010、p38）

　この点、フランスにおいての自治体間協力のしくみたる、コミューン間広域行政公施設法人の構成議員が間接民主制の選出形態をとっていることが問題とされた。なぜなら、固有に税源を有する公施設法人（3種類あるがこれを総称して「コミュノテ」）は常に加入するコミューン議会議員の中から代表（＝議長）が選出され、固有に税源を有しない公施設法人は、コミューン議会議員らの一任とされているからである。これについて、加茂利男も言及するところであるが、コミュノテについては、固有税源を有しているため、より民主的正統性及び意思決定プロセスの透明化が必要だとされる点において、これらの議会と首長を公選制として、確保する必要があるのではないかという議論に直面しており、フランスの自治体間協力のしくみの在り方が問われている。議会ならびに首長公選制は、フランスでははげしい抵抗にさらされていることも事実である。（自治体国際化協会 パリ事務所2008、p44. p53：加茂・稲継・永井2010、p63）。

　日本でも、自治体間協力が進む過程においてこれが複雑化し、多様化してきた場合、このような意思決定の不透明さについて、責任の明確さの観点から、1999年、当時自治省（現総務省）が以下のように課題として挙げていたことがうかがえる。

> 「市町村行政の広域化の要請に対処して、一部事務組合や広域連合などのような市町村の枠組の変更を伴わない広域行政に関する諸制度を活用した特定の分野における事務の共同処理が既に幅広く行われ、一定の成果もあがっていることであるが、ややもすれば、責任の所在が不明確となりがちであり、また、関係団体との連絡調整に相当程度の時間や労力を要するために迅速・的確な意思決定を行うことができ

第3章　他国から学びとれる自治体間協力

ず、事業実施等に支障が生じる場合も見受けられる。したがって、人材を確保し、かつ、地域の課題を総合的に解決する観点からは、市町村合併により、意思決定、事業実施などを単一の地方公共団体が行うことがより効果的である」（自治事務次官通達「市町村の合併の推進についての指針の策定について」第1-3　市町村合併と広域行政との関係　1999年（平成11年8月6日付）自治省）
〈＊ただし、引用文中の下線部分は、論者の注目した部分を強調したものである。〉

　後の章目で論述するが、この責任の所在の不明確さは、自治体間協力の主体たる広域連合や事務組合の議決機関と執行体制に問題があったこと（連携を構成する自治体の地方議会等の議員による互選での議決体制と執行体制の意思決定のおける不明確さ）が一因となっている可能性を考慮していない。そして、これは、合併推進の必要性を論じる根拠とされ、通達として全国に発信されていることに関しても、当時自治省の認識が、合併推進に偏っていたことが言及でき、合併の失策につながる一因となったのではないだろうか。
　この点、加茂も、政府が区域改革としての「自立・連合」パターンを排除し、「合併・統合」パターンを選択していることの明言であるとして、検討している（加茂・稲継・永井2010、p9）。
　これらの問題は、自治体間協力の有効性を高める上で重要な観点を引き出し、論者はそこに関しても注目した。その際、2000年に広域自治体として首長（市長）公選制を導入し、かつ行政執行機関としての役割を強調されたGLAが誕生したイギリスにおける事例の検討が有効的であると考えるため、次節でイギリスの事例について検討する。

2　戦略的行政庁の総合調整とパートナーシップ —イギリスの事例—
　GLAについて検討する前に、イギリスの地方自治制度について触れておきたい。イギリスの地方自治の制度が語られるとき、多くがイングランドの制度であることが多い。これは、イギリスが、イングランド、スコッ

トランド、ウェールズ、北アイルランドといった4つの国から構成され、自治体のしくみもそれぞれ少しずつ異なり、これを理解するにはやや複雑であるといった理由があげられるからである。ただ、イギリスの地方自治がそのユナイテッドキングダム（United Kingdom）の執行と議決機関を有するイングランドを中心に変革しており、またこれが基盤となって他の3地域へと派生がみられることから、イングランドの地方自治を研究するものが日本にあっては多いところである。そのイングランドの地方自治について、今後は、イギリスの地方自治と読み替えるが、ことロンドン地域について言及していくことにする。

　ロンドン地域は、1963年まで、ロンドン県（London County Council：LCC）という他地域と同様の県制度による行政が展開されてきたが、ロンドン市から徐々に郊外部に向けて発展が進むにつれ人口が増加し、首都都市機能の整備や道路交通網の整備の必要性など、住民の行政需要が多様化しかつ複雑化するにつれ、広範囲において総合的にこれに対処する必要が出てきた。つまり、この県制度化では、広域化に対応できなくなっていた。そのため、王立委員会などによる検討が行われた結果、1963年にロンドン地方行政法（London Government Act, 1963）が成立し、その後、1964年施行、1965年事業継承が行なわれて大ロンドン都（Greater London Council：GLC）が誕生した。この議決機関と執行機関は、直接公選による議会が兼ね、そして市長（Mayor）は議会議員の互選により選ばれ、その代表者となった。この機関は、道路計画、警察、港湾など行政機能としての役割がそれぞれの組織に分かれていたおり、これらは特別行政機関（ad hoc authority）（東郷2004、p3）にあたるが、これらを総合的に調整し、一応の成果を収めていた。しかしながら、当時政権与党であった保守党とGLC側与党であった労働党の政争によって、1986年に廃止に追い込まれる。保守党は、このGLCの税収面の割合における予算執行率の悪さを材料に執行の機能不全に陥っているなどと主張し、GLCを追い込んだ。これがのちの反省として生きてくるわけであるが、ところで、GLC廃止後、一度は、GLCに集められ総合調整され行政の円滑な機能の促進が保たれていたそれぞれの行政権限が、保守党政権によって、合同委員会や合

第3章　他国から学びとれる自治体間協力

同機関など法律に基づく機関や基づかない機関や再び細分化されてしまい、また道路整備にかかわる分野やロンドンの都市計画にかかわる分野は、政府準政府機関（Quango）へ移管され、同時に中央集権も併せて進んだといえるとする意見もあり（東郷2004、p38-40）、論者もこの現象を同じくそう評価する。もとい、このために、当時野党であった、労働党は、「総合的な戦略を実施するためには総合的な戦略行政庁が必要である」（前掲、p44）と訴え、勝利し、2000年7月に新大ロンドン庁（Greater London Authority：GLA）が誕生したのである。（Gerald. Rhodes & S. K. Ruck, 1971：東郷2004：国際自治体化協会ロンドン事務所2009年9月改訂版）

　GLAの成立までの流れは、把握できたため、次にGLAの組織構成に触れる。GLAは、イギリスで初めて導入された二元代表制による、つまり直接公選制のロンドン市長（Mayor of London）と、直接公選制のよって選出された25人の議員からなるロンドン議会（London Assembly）を中心に、両者の補佐をする事務部局、そして市長の補佐をする市長室（Mayor's Office）で構成され、650名ほどの職員がその組織に属している。前述のGLCの規模の職員数が約2万人だったことからすると、職員数だけから勘案しても、相当スリムな機関となっており、市民への窓口業務はロンドン区へ移管し直接に市民への住民サービスの提供を行わず、行政の執行機関としての機能に特化させていることが人員のスリム化を実現している。また、この点において、その意思決定の迅速的に行われ、その結果、行政需要に迅速に対応できる仕組みとなっている。ちなみに、その所管業務は、ロンドン全域にわたる①公共交通、②地域計画、③経済開発及び都市開発、④環境保全、⑤警察、⑥消防及び緊急計画、⑦文化、メディア及びスポーツ、⑧保健衛生などの分野でのロンドン全域に係る企画・調整を行うことである。（国際自治体化協会ロンドン事務所2009年9月改訂版、p20）。

　ここで注目しておかなければならないのは、イギリスの地方自治ではじめて採用された、二元代表制により、執行機関と議決機関としての役割が、市長と議会でそれぞれ明確に区分されているところである。住民の意

思が直接取り入れられる形となっており、責任の所在が区分化されていることから明瞭で、そして、執行機関はスリム化され、リーダーシップが取りやすいよう市長の権限が特段に強化されており、ロンドンにおける意思決定のプロセスが迅速化され、拡大する行政需要に対応できるようになっている。さらに他方で、①GLC廃止後に細分化されていた行政所管について、その所管業務をGLAに権限を与えることで集積し、また、②行政における行政機関の役割を専門化・特化させていることによって、これを空間的機能的に検討することを可能とし、総合調整が再びできるようにしたことから、GLA廃止後に多層化していた行政機能の複雑化と区などとの「二重行政」による重複化を回避し、もって人員の面からもまた政策立案の面からも行政コストを抑えることに成功しており、広域行政体のこのような形態の成果として評価できるところである。ただし、市長権限が強力すぎるにもかかわらず、解職請求権などの市長の責任確認を具現化する形が備わっていないことが懸念されうるべき事項である。

　近年、後述する「補完性」と「近接性」の原則を兼ね備えた、パリッシュという準自治体の設立がロンドンでも認められ、さらに、サッチャー政権期の政策により発現した、公共部門と民間部門の協力による行政運営の手法により、民間部門による公共部門の役割への参画も多くなっている。そのため、GLAは、これらとの協力関係を重視し、近年その関係性を構築しはじめ、その多層間における連携によっての得られる成果として、単なる自治体間協力を単独で構築した結果よりも成果がみられるところも存在している（自治体国際化協会 ロンドン事務所2007、p37-41：ハマースミス・アンド・フルハム・ロンドン区によるパートナーシップ活用の事例など）。GLA以前のロンドンでは見受けられなかった事例である。広域化された自治体における、執行体制の変容と総合調整能力によって、行政効率がアップし、さらに権限移譲などによって基礎的自治体の能力の幅を広め、そのうえで民間部門と戦略的協力関係を築くことでより成果を上げている構図が見える。自治体間協力の活用とともに（都道府県レベルの）広域自治体の体制の再編を検討することにより、さらなる自治体間協力の可能性を見いだせることをイギリスのGLAとその他のパートナーシップに

第3章　他国から学びとれる自治体間協力

よる事例は示している。

　それでは、イギリスにおけるロンドンの事例に焦点を絞って述べてきたが、パートナーシップをより具体的につかむうえで、またフランスにおける事例との比較の上で、イギリスの地方の自治制度が分かりやすくこれもまた有効的であるため、これ以後検討する。

　さて、イギリスについても、日本の自治組織と比してもその規模が大きく、フランスのコミューンの近隣政府的な側面を持ち合わせた、自身の規模にあった行政の役割を選択して提供できる性質を持つ、パリッシュという準自治体が存在する。ロンドン地域では設立が法律で禁止されていたが、近年ではこと都市部においてパリッシュが増加傾向であり、2007年の地方自治法改正により、ロンドンのコミュニティ及び区に対して、パリッシュ設置権が認められるにいたっている（国際自治体化協会ロンドン事務所2009年9月改訂版、p23）パリッシュの位置づけを確認したが、パートナーシップについてもまた確認しておきたい。

　パートナーシップ（制度）とは、中央政府との間で、財政的インセンティブがあるが特定の分野に限られる「地方公共サービス協定（Local Public Service Agreement）」や左記制度が2000年に始まったことにより、幅広い分野で取り組みができるよう行政の自由度を確保するため財政面の獲得を柔軟にできるしくみに改められた「地域協定（Local Area Agreement）」を締結することで、地方自治体を中心に、民間企業、ボランティア、コミュニティ団体等と構成される組織である地域戦略パートナーシップ（枠組）が、窓口となる各地域の政府事務所（Government Office）と交渉を行い、あるいは自治体間で協議をするによって、この制度と地方自治体のリーダーシップを活用し、効率的な行政サービスを提供することを目的としているしくみである。2007年3月に、第3次地域協定が締結されたことにより、全てのカウンティ、大都市ディストリクト、ユニタリー、ロンドン区でパートナーシップが実施された。（国際自治体化協会ロンドン事務所2009年9月改訂版、p7）このパートナーシップの枠組は、地方の一地域の公園建設にまでおよんでいる。論者は、2009年11月～12月において欧州の地方自治を研究するため、欧州各地へ調査に赴い

た。このうち、イギリス、イーストサセックス州もしくは県（EAST SUSSEX、広域自治体）ローウェル市（LEWES DISTRICT；Local government district：地方政府もしくは基礎的自治にあたる）シーフォード（SEAFORD、近隣政府）という町の調査においてこれから言及する。

シーフォードは、南イングランド地方にあり、ロンドンから電車で3～4時間ほどのところにある海沿いの小さな町である。付近にはハリーポッターの撮影舞台となった家をバックにSEVEN SISTERS（7つの突端をもつ美しい白い崖肌）を見ることができ、日本人の観光客も少なくない。ローウェルディストリクトの中で最大の町で、人口も約23,000人の町である。この人口規模のため、パリッシュ（近隣政府）の形態として、町議会制（Town Councils：タウンカウンシル）をとっており、パリッシュの中でも大規模なものである。シーフォードは、前述のように、地方自治が3層性で構成されてあり（研究者によっては、パリッシュの扱い方によって2層性だとする意見もあるが、パリッシュも自治体の役割を大きく果たしており、ここでは3層性として理解する。（竹下2008、p19-21））このタウンカウンシルは、シーフォードの5つの区域ごとに4人ずつ議員を選出し、全議員数が20名で構成されている。そして、地域戦略パーナーシップの位置づけである、シーフォード・コミュニティ・パートナーシップ（Seaford Community Partnership：以降、SCP）が存在し、この町の長期間における戦略的発展に寄与している。

SCPは、前述の3層からなる自治体とシーフォードの市民団体らによって構築され、いうなれば、多層間における自治体間協力のかたちとして機能している。

本調査では、Ms. Katsumi Smithへの聞き取り調査も行い、SCPが有効に機能していることの確認ができた。

彼女によれば、自宅の近隣において、地域民が交流する場、子供たちの遊び場としての公園の整備が不十分であった。英国人は、子供の遊び場としての公園の役割とともに、地域民の社交の場としても用いられることがある、公園の、環境整備については日本以上にその関心がある。

確かに、付近に公園はなく、公園予定地（調査当時は半分ほど整備さ

第3章　他国から学びとれる自治体間協力

れ、公園を区域化する柵の設置も確認できた。ここでは未整備部分に言及する。）はあるが、土がむき出しの状態であり、遊具やベンチなども設置されていなかった（調査当時は遊具も滑り台等が設置されていた）。イギリスには珍しい光景であった。

　スミス夫人には、2人の幼い子供があり、公園の整備を望んでいたが、夫人は日本人であったため、なかなか一人では行動を起こしづらかった。そこで英国人の夫や、地域住民の方らに相談をし、地域選出の町議会議員（パリッシュ議会議員）らとパリッシュで取り上げてもらうことになった。しかしながら、公園整備のためには、別途予算を考えねばならず、議会は整備について容易にはできない旨、一時は回答を出したという。

　しかしながら、スミス夫人は、SCPで協議することによって、なんとか公園整備を実現してほしいことを地域住民らと議会に申し入れ、議会もこれを了承し、SCPで町の運営に関する事項として協議した。またこの地域における中央の政府事務所等と交渉した結果、公園整備の予算を別途盛り込むことや、建設について他区域での余剰資材を活用できることが分かりそれを転用することで、公園整備を可能にしたのである。つまり、SCPは、公園整備が住民の身近に必要不可欠なものであると判断し、これらを他との連携によって解消したのである。

　この点、日本では公園整備について、国土交通省都市局公園緑地・景観課が所轄している都市公園事業費補助など、あらゆる公園整備についての事業制度が法令等により細則化されており、整備に限らず補修についても、地域選出の国会議員の力量一つといわれるほど、その整備支出の予算を獲得することが、住民の手によっては容易ではない。公園を一つ整備するにもこのように複雑な日本と比較すると、住民が求める行政需要に対応できている英国のSCPの事例は、より公共の領域において民主的手法とその意思が取り入れられていることがいえ、その点、自治体間協力のさらなる有効性を示している。

　だが、一方でスミス夫人によれば、このパートナーシップにおいても、問題はあるという。タウンカウンシルの構成議員の中から議長（代表者）が選出されるが、議長はシーフォードの5区域の地域から選出された議員

の互選によるもので、必ずしもその地域に有効的でない場合もあり（つまり別地域の議員）、今回もそれがために公園整備が議論されない恐れもあったという。また、議会が委員会中心制とっているため、議論に多くの時間を費やされたことにも言及していた。さらに、議員すべてが執行の決定に絡むことから、この公園整備にどの議員が友好的な意見を持っており、決定のキーがどの議員にあるのかを判断しなければならないが、それが難しいことも加えていた。そして、これらがパートナーシップの協議へ、議会として諮るかどうかについて多くの影響を与えていた事実があったことをその理由として語っていた。

　この点において首長（代表）公選制は、その地域全体を代表し、もってその地域全体の利益を確保し、そして、リーダーシップ（政策実現への指導力と実現力）の発揮には理にかなった制度であるということもこのケースからいえるのではないだろうか。ただ、人口が2万を超える自治体が地方政府としての役割ではなく近隣政府という位置づけで扱われており、そのことがこの意思決定のプロセスに影響を与えていることについても考えられ、その規模を捉えなおす必要があるかもしれない点も検討される必要があろう。なお、2009年にこの議会の議長（Mayor）に若者が就任したことによって、意思決定に関するプロセスの迅速化等について改善できるのではないかと、別の視点から住民の期待が寄せられていることも併せて述べておく。

　なお、パリッシュ議会では実現していないが、地方政府に当たるディストリクトやカントリーカウンシルのような基礎自治体、広域自治体では、前述のような弊害を改善するため、2000年の「地方自治法」の改正に伴い、議決機関と執行機関をあわせてもっていた議員の役割を、政策を立案・実行する執行部局に所属するエグゼクティブ（内閣構成議員）と、その政策決定や執行状況を評価・監視する政策評価委員会に所属するバックベンチャー（一般議員）と分けられることになった。そして、さらに意思決定のプロセスを明確化させるために、従来は構成議員による互選での議長が自治体の代表者となることになっていたが、改正とともに直接公選首長が導入され首長公選制による代表者の決定が可能となっている。しかし

ながら、2009年時点において、実際導入している自治体は11自治体のみにとどまり、その割合は全体のわずか3パーセントとごくわずかである。ちなみに、前述のGLAに関しては、首長公選制が別途法律により規定されていることに注意しなければならない。(国際自治体化協会ロンドン事務所2009年9月改訂版、p27-28)

3　自治体間協力の可能性を拡げるためには

　フランスもイギリスも、課税権が絡む自治体もしくは自治体間協力において広域的な役割を果たす組織、連合にあっては、住民の意思が直接反映できるように首長公選制が良いのではないか、とした議論が今までにあったということが注目される点である。また、補完性と近接性の原則を採用し、住民の意思を住民の身近な政策に反映できる近隣政府たる自治のシステムや組織が存在し、住民自治を具現化していることが同じくいえることである。

　ただ、行政需要の拡大のための広域化に対応する広域自治体や基礎自治体間においてなされる自治体間協力が進行した時、責任所在の不透明さと意思決定のプロセスの過程に迅速化し、政策の不効率化を生むといった問題が、広域化における連携等の行政形成を阻む恐れがあることも二つの事例から把握することができる。

　フランスでは、連携における首長公選制は、コミューンが形骸化する恐れがあるため激しい抵抗にあっており検討の段階にある。これに対して、地上自治について地方議員の互選による議院内閣制を伝統的に実施してきたイギリスでは、ロンドン地区の広域化する行政課題に取り組むために、日本の都道府県に当たるGLCを制度化しこれに対応したが、当時政権政党である保守党によって廃止に追い込まれた。そこでの行政における執行体制の問題の抽出と政権政党基盤に左右されることの少ない形態が、地域の広範囲な利益に資するという考えのもと、GLCとは執行機関体制の異なるGLAを形成した。この執行体制は、首長・議員公選制による二元代表制をとり、執行機関もより専門的で迅速な執行ができるよう職員もGLC時に比べて極めてスリムとなるように調整がされている。これは、住民の行政

窓口対応は基礎自治体であるロンドン区等へまかせ、GLAは行政の執行機能に特化させているがための効果である。

そして、GLC廃止後に細分化された行政機能を再編し総合調整によって行政を円滑させることにより機能的とし、またGLC廃止後に保守党政権によりすすめられた手法によって出現してきた民間組織などとも連携するというパートナーシップのしくみを活用し、より行政を住民にとって身近なものにできるように協力と調整をはかっていることによって、行政の豊かさを供給しようと試みており、長期的判断にはまだ至らないが、成果を見ているところである。〈＊黒丸は、強調点である。〉

住民サービスを充実させ、もって行政の効率化をはかるという日本では今まで実現されなかったことも、①自治体間協力によって基礎自治体の連携を促進し、同時に、②広域自治体の機能を行政執行に特化させたものとするといった、都道府県に値する行政機関の再編見直しを検討することによって展望がひらけることをこれらの事例は示している。ただ、見落とされてはならないのは、①その際に常に補完性の原則と近接性の原則を基礎自治体にあるということを確認しつつ、②行政の責任を明確化するために、広域的な組織においては首長公選制などといった住民による直接統制のしくみを採用すること、③どこまでの広域的な枠組みが適切かといった規模の最適化が十分に検討されなければならないということである。

そして、これらの先に、いろいろなアクター間での協力へと自治体間協力が織りなす可能性を多分に秘めていることが見失われてはならない。

以上を踏まえ、自治体間協力の必要性と可能性について言及してきたが、これが日本においての課題についてどのように検討しうるのか日本の自治体間協力の事例を次章で扱う。

終章　これからの日本の自治体間協力のかたち

　本章では、いままで検討してきたことについて、日本における自治体間協力の現状を捉えるため、日本の地方自治法制度上では自治体間協力のかたちとして代表的であろう広域連合について検討する。

1　広域連合という制度の見直しの検討

　広域連合の制度は、地方自治法第3編「特別地方公共団体」第3章「地方公共団体の組合」第3節「広域連合」第291条の2に規定されている、地方自治法に直接の根拠規定がある自治体間協力の一類型であり、1項の規定によるところ、「<u>国</u>は、その行政機関の長の権限に属する事務のうち広域連合の事務に関連するものを、別に法律又はこれに基づく政令の定めるところにより、当該広域連合が処理することとすることができる。」(地方自治法第291条の2の1項)とされる。〈＊ただし、引用文中の下線部分は、論者の注目した部分を強調したものである。〉

　この時点ですでに条文上の違和感を覚えるが、広域連合の業務の内容を規定しているものであるにもかかわらず、「まず国が……（中略）……こととすることができる。」と、国主体の規定条文となっている。この条文からは、この広域連合というしくみが「上からの押し付けによる」連合のしくみであるということが垣間見られる。本論第2章で検討した、自立性のない連合、加茂利男の言葉を借りれば、基礎自治体の裁量による連合権の否認の状況である（本論第2章参照：遠藤、加茂1995、p84）。

　同じ自治体間協力の範疇のものとして、一部事務組合についての規定を参照するとわかりやすいが、地方自治法第284条の2項の規定によると、「<u>普通地方公共団体及び特別区</u>は、第六項の場合を除くほか、その事務の一部を共同処理するため、その協議により規約を定め、都道府県の加入するものにあっては総務大臣、その他のものにあっては都道府県知事の許可

を得て、一部事務組合を設けることができる。この場合において、一部事務組合内の地方公共団体につきその執行機関の権限に属する事項がなくなったときは、その執行機関は、一部事務組合の成立と同時に消滅する。」(地方自治法) と規定されており、先ほどと比較すると、「普通地方公共団体及び特別区は……（中略）……一部事務組合を設けることができる。」となっており、その主体が地方自治体となっている点に注目である。ただ、総務大臣もしくは都道府県知事の許可制となっており、制約付きであることも注目したい。〈＊ただし、引用文中の下線部分は、論者の注目した部分を強調したものである。〉

　このような法令による足かせが、まず、地方自治体が自治体間協力を考える上での機会を喪失させているという状況が考えられるが、このようなことは広域連合の設置数値からもいえる状況にある。

　まず、日本の地方自治制度の中で、地方自治のより規定されている自治体間協力の総数についてみてみたところ、総務省の調べによると、全体で7663件実施されている。（地方公共団体間の事務の共同処理の状況調2010年（平成22年）7月1日現在）この調べでは、7663件を100パーセントとして（以降表示形式を「件数（割合）」で表示する。）、処理状況の形態ごとに構成割合を算出しているが、これによるところ、一番多いのは事務の委託で5264件（69.6パーセント）、次いで多いのは、一部事務組合1572件（20.8パーセント）、機関等の共同設置392件（5.2パーセント）、協議会216件（2.9パーセント）となっており、広域連合115件（1.5パーセント）と地方開発事業団1件（0.0パーセント）という状況であり、第174国会で継続審議となった内閣提出による地方自治法の一部を改正する案について廃止とされている地方開発事業団を除くならば、広域連合が今後も利用される可能性のある自治体間協力のしくみの中では、地方自治体に一番活用されていないしくみであることが分かる。

　この点、事務の委託については、条文上の定義によるところ、ほぼ国や都道府県からの制限がなく、法定の自治体間協力の中では、各自治体の判断によって枠組みを一番利用しやすいことから、数値上も突出している傾向にある。

終章　これからの日本の自治体間協力のかたち

　ただし、事務の委託については、地方自治法第202条の２の２項ならびに地方公務員法第７条２項から４項までにおいて規定されている、公平委員会の設置を他の自治体と共同して設置される場合に用いられているケースがほぼ過半であり、その他東京都に対して特別区が消防にかかる事務を都に委託する場合にもよくつかわれるケースである。そして、その他のケースについても、法定で定められた事務をこなすためだけの組織であり、その中で、自治体間協力の在り方として広域的な行政需要に対応するために使われているのが、広域連合の枠組にほぼ限られ、如何に日本の自治体間協力の枠組みが閉塞的状況にあることが確認できる。

　そして、その閉塞的な状況の中、広域連合の設置目的としてその役割が広域的かつ総合的な行政に資するものとして使われているものは、115件中13件（巻末資料図２参照）であり、法定の自治体間協力の中での構成割合は、約0.169パーセント（13件／7663件＊100％）であって、ほぼ０である。本論第２章でも述べたとおり、広域連合における目的もほぼ国が定めた法律上必要のある事務をするためのものが多く、こと官製連合であると表現した後期高齢者医療広域連合の47件を除くと、その数は68件となり（巻末資料図４参照）さらに設置目的が単独のものを差し引くと47件（巻末資料図３参照）となって、都道府県平均１件と極端に少ない。しかしながら、都道府県地域別の設置数を考察した場合、後期高齢者医療区域連合を除いたものでは、設置０件の地域もあり、広域連合を後期高齢者医療広域連合以外で用いている都道府県は現在26自治体のみである（巻末資料図４、５参照）。そして設立年ごとでは、後期高齢者医療広域連合の設立を除くと、制度が整備されてから右肩上がりであったのは平成11年までがピークであり、その後は平成14～15年以降は、０件かほぼ横ばいという状況により全く活用できていないという点がさらに見えてくる。

　都築岳司の指摘によれば、ほぼ10年前の2000年９月段階の広域連合の設立数は68件であり（都築2001、p135）、後期高齢者医療広域連合を除くと、設立解散等の年ごとの増減はあれ、まったく現在と数値の変化がない状況である。そして10年前は、広域連合の設置都道府県が27自治体あったことを考えると、現在その数は26自治体になり（都築2001、p132：当時

自治省データによる)、衰退の兆しをみせていることがうかがえる。さらに興味深いことは、都築の検討からすれば、「総合調整型」の広域連合がほぼ10年前には多かったことが見受けられるが、現在は、総務省により広域行政圏施策が平成21年度に見直されたこともあり、そのため、この圏域政策の計画の目的が広域連合の設置目的に含まれる団体が多いものの、ほぼ形骸化している状況を勘案すると、現在は廃棄物処理にかかわる事務の共同処理や、介護保険、国民健康保険の事務に関することが主であり、その他項目として、消防の共同設置にかかわる事務によるものが多く（巻末資料図2参照)、広域連合の使われ方は「共同処理方式型」であって、事務の委託や一部事務組合の領域が広域化されるのに用いられているにすぎない状況だということが判じ得るのである。

　日本は、第29次地方制度調査会の答申により、この自治体間協力の枠組みを活用する方向性を検討するのが望ましいように提言されているが、日本の自治体間協力は、その法的なものにあっては、まず入り口にすらも進め得ないようなしくみであり、そもそも自治体間協力の枠組みや特徴を検討する以前の段階にあるといえる（法的制度改革の必要性)。

2　広域連合の実態 —隠岐広域連合の事例を検討する—

　本章第1節では、広域的な行政需要についてどう対応するかという点について、総合的な政策等による解決をその設置目的としている広域連合が一部を除きまず皆無であり、広域連合がほぼ機能していない点を述べてきた。例外的に、長野県や山梨県の自治体間協力のように、広域総合行政への取り組みが先進的である地域も存在するが、自治体間協力の必要性や可能性は、日本における課題や、フランスならびにイギリスの自治体間協力の検討をすることで論じてきたため、この節では、唯一、都道府県と市町村間が主体となって実施されている広域連合体が存在し、より広域的な総合行政を展開していると考えられる島根県の事例について、①行政的な課題は何であって、②どのようにそれに対応し、③そこにはどのような問題があるかについて検討することによって、今後、他地域へ自治体間協力が制度として拡大していったときの検討材料として扱うことにする。（広域

連合の中で、都道府県が実施主体に含まれる自治体として埼玉県があげられるが、その設置目的が職員間の人材交流であり、自治体間協力により広域的な行政需要に対応することで、住民への効果の面として直接的に住民に資する性格の連合体ではないため、ここでは島根県のみ検討することとした。）

　この広域連合「隠岐広域連合」は、平成11年9月1日に、設立され、現在の構成団体は、島根県、隠岐の島町、海士町、西ノ島町、知夫村（1県3町1村）である。そしてその設置目的（担っている役割）は、①隠岐病院の設置、管理及び運営に関する事務、②隠岐島前病院の設置、管理及び運営に関する事務、③介護保険の実施に関する事務（県の事務並びに町村の事務のうち各種申請書の受理、各種証明書の交付及び要介護認定に係る調査を除く。）、④救急医療対策事業に関する事務、⑤消防に関する関係町村の事務（消防団及び消防水利施設に関する事務を除く。）、⑥火薬類取締法（昭和25年法律第149号）に規定する島根県知事の権限に属する事務のうち関係町村が処理することとされた事務、⑦高圧ガス保安法（昭和26年法律第204号）に規定する島根県知事の権限に属する事務のうち関係町村が処理することとされた事務、⑧液化石油ガスの保安の確保及び取引の適正化に関する法律（昭和42年法律第149号）に規定する島根県知事の権限に属する事務のうち関係町村が処理することとされた事務、⑨知的障害者援護施設の設置、管理及び運営に関する事務、⑩障害者福祉サービス事業（短期入所、共同生活介護及び共同生活援助に限る。）の管理運営に関する事務、⑪広域市町村圏計画の策定に関する事務、⑫レインボープラザの設置、管理及び運営に関する事務、⑬フェリー「くにが」代替船建造に対する隠岐汽船株式会社への資金貸付及び償還に関する事務、⑭隠岐広域連合人材育成基金の設置、管理及び処分に関する事務、⑮知的障害児施設の設置、管理及び運営に関する事務、⑯隠岐航路フェリー「おき」の設置、管理及び運営に関する事務、⑰国民健康保険、後期高齢者医療制度の特別徴収に係る電子データの処理に関する事務など、17件があげられる。（総務省『広域連合の設置状況の調査』2010年（平成22年）7月1日付）

　役割の数としては、他の広域団体と比較すると、格段多いが、他のもの

に共通されている役割を除外した場合、この広域連合の役割は、広域にわたる離島についての行政需要への対応であり、①病院に関するもの、②交通面としてのフェリーの運航に関するもの、③消防に関するものがあげられ、その他共通するが形骸化しているものとして、④広域市町村圏計画にかかるものの、4つがあげられる。人口こそ違うが、広域化における行政需要の役割としては、イギリスにおける特別行政機関の権能にかかわる領域と重なっている。

　次にどのように対応しているかについてであるが、連合の構成について注目する。この広域連合は、議会制によって運営されており、全構成議員数は14名となっている。構成議員はその自治体の区域ごとに人数が決められており、島根県2人、隠岐の島町6人、海士町2人、西ノ島町2人、知夫村2人と、県を除いて人口に応じて各区域に議員数が分配されているようである。選挙方法は、連合を構成する議会の議員の互選によって選ばれ、その選出された連合議会議員の中からさらに議長、副議長が選出されるという点では、フランスのコミューン間公施設法人の形態をとる。しかしながら、執行機関と議決機関は分かれているようで、執行機関である広域連合長は、構成自治体の首長間による投票によりそのものの中から選出され、副広域連合長にいたっては、広域連合長が広域連合の議会の同意を得て、構成団体の長、構成団体の職員又は人格が高潔で、広域連合の財務管理、事業の経営管理その他行政運営に関し優れた識見を有する者（以下、「識見を有する者」という。）の中から選任されるという（隠岐広域連合　例規集2010年（平成22年）3月31日付）。議会運営については、委員会制をとっており、議会運営委員会、総務医療常任委員会、保健福祉常任委員会、隠岐病院建設促進特別委員会について定めており、議会定員数以上に委員会のポストがあることから、連合議会議員が兼任しているようである。監査等については、選挙管理委員会が4名、監査委員については2名、それぞれ高潔な人格で、かつ構成地方公共団体の選挙権を有する者の中から、選挙管理委員会4名が、監査委員は識見を有する者が1名と構成議会議員のなかから1名選出されることになっている。

　この構成からは、①広域連合を実際執行する広域連合の首長が、構成す

る自治体の長の中からそれらの首長により選ばれることになっているが、はたして業務に選任できる環境にあるのだろうかという疑問と、②一部役職において、高潔な人格のもった人でなければこれに当たることができないとされているが、「高潔な」人格とはどのようなことをいい、かつこのような人物であること、つまり選出される条件の判断はだれが判断しているのか、不明瞭さが多く存在しているのではないだろうかと疑問の二つの点が考えられる。フランスのコミューンの例（メール）でもイギリスのGLA（Mayor）の例でもいえることだが、行政機関としての首長は、その対象の団体の行政執行の役割に専科することによって、住民らの信任を得、また行政政策のかじ取りができるのであって、他の行政機関の長をかねている人物の兼任によって、片手間で行われる業務についてどこまでの効果があるのかといわれるとすれば、その効果は専任の者よりは、業務かかわれる時間も内容も制約されるため、皆無ではないであろうが、その効果は比して薄いと言わざるを得ない。また、議決機関がどのような組み方によって成立しているのか、人選規定のあいまいさによって、本当にその地域を代表している立場なのか、つまり域内住民の意見が反映された者なのか、わかりかねるような制度となっていることは、否めない。そして、住民の意思の反映に合わせて効率的に行政運営が進められていることが検証できない状況におかれているのではないかと、論者は考える。加えて、島根県の関与の仕方がまったくつかめない。広域自治体としての役割をどのように果たしているのか全く不明確である。現在この団体は、執行運営に関する見直しを実行しているところである。

　つまるところ、自治体間協力において、行政団体の執行体制の再検討は必要であろう。

3　空間的機能的に日本の地方自治体をみる

　本章第1節、第2節では、それぞれ日本の自治体間協力、こと広域連合が制度としてあまり活用されておらず、また利用しにくいものであること、そして、広域的な運営をするにも、住民の意思が反映されるような議決機関なのかそして執行体制なのかどうか（機能的）、また主体として参

加している、広域自治体と基礎自治体間の協力がどの程度の関与が適切なのかという点について、（空間的に）議論される必要性がある。そして、役割についてどのようなプロセスで、また役割が重複しているかどうなのかについて検討し、行政の効率化という側面からは、総合調整というしくみも必要であろう。これからの日本の地方自治の可能性が自治体間協力の可能性であるという前提において、これらのしくみの検討は、外せない検討課題である。

　2017年（平成29年）現在においても、広域連携によるところの自治体間協力が闊達に行われているとは言えないが、それでも奈良県におけるごみ処理の広域化によって、ごみ処理施設を25施設から14施設に削減し、行財政運営の効率化に取り組み成功している事例や、新潟県十日市市や魚沼市、群馬県みなかみ町、長野県栄町7町村での広域連携体「雪国観光圏（2008年）」による観光連携の成功事例など、自治体間協力の可能性は今後も大きく拡がると思われ、更なる検討が、日本の地方自治をより豊かに発展させるものとなるだろう。

むすびにかえて
―学校運営協議会の例にみる新たな自治体間協力のかたち―

　「地方自治とはなにか」特に地方自治という領域においては、定義を決めることが重要ではない。それがどのようなものであるかをいろいろな視点から捉え、常に悩み、そして考えることが重要である。
　水口憲人は、地方自治について、以下のように位置づけている。
　「地方自治は単なる地方行政ではない。地方行政を地域の住民の自治にゆだねることである。自治の背後に運動があるとしても、もって直接民主主義的参加や選挙された代表の下で行う制度である。」（水口2000、p301）
　地方自治を、民主的な手段というプロセスから捉えたものである。住民の意思の反映が、地方自治の構成要素の一つであることを考えさせてくれる。
　加茂利男もまた、都市政治学を通じて、「生活圏の民主主義」という概念を生み出し、生活空間としての行政のしくみをとらえることにより、地域単位で、いろんな部局の活動を総合調整し、地区別の予算計画を持つ必要性を検討し、もって生活空間の総合化によるセクショナリズムの弊害を克服することも可能であると考えた。加茂の考えの中にも、生活という面を通しての、住民の関与があり、そして「近接性」の原理に基づく、「下からの」積み上げの蓄積による、地方自治の在り方を感じさせる（加茂1988、p229-231）。
　論者は、自治体間協力について考えたとき、前述のように、基礎自治体の連携を促進し、同時に、広域自治体の機能を行政執行に特化させたものとするといった、都道府県に値する行政機関の再編見直しの検討が必要であることを提示した。ただ、見落とされてはならない重要な点は、①その際に常に補完性の原則と近接性の原則を基礎自治体にあるということを確認しつつ、②行政の責任を明確化するために、広域的な組織においては首長公選制などといった住民による直接統制のしくみを採用すること、③どこまでの広域的な枠組みが適切かといった規模の最適化について、十分に

検討することである。ここでも住民の視点を考えることが必要であるという、「住民」の存在に注目している。

　現在、イギリスのコミュニティ・スクールのような、地域住民が教育機関の運営に参画するという「学校運営協議会制度」が世田谷区で広く実施されている。保護者や地域住民の意思を学校運営に反映させ、より充実した教育制度を目指すというものである。これは、公的なものと私的なものの連携のかたち、自治体間協力の一類型となり得、またその先にもっと広い意味での住民間の自治体間協力の可能性も構築できるかもしれないといった可能性を秘めていると論者は考えている。

　この点、宮本憲一は、開発の主体のアクターはだれかという視点から、その主体が、地域の企業であり、協同組合などの産業組織であり、また住民であって自治体であるとし、そのうえで、地域の住民が学習し計画し経営することが基本であることを述べている（宮本1998、p235）。この時「共同学習」という手法により、住民が一緒になってまなび考えることが重要であると指摘するが、決して「協働」ではない。行為としてなにかを推し進めていくときには（≒開発）、住民もともに参加し、そしてただ参加するだけではなくそこには学習をしながら考え意見を出し合うことがその行為には重要であることを示してくれている。近年、住民の意見をただ取り入れるだけで満足している「協働」という言葉が独り歩きしているが、決してこれに満足してはいけない。地方自治に、住民という存在を考えるとき、つねに住民の自立性も問われなければならない。住民の集合体である自治体にあってもその姿勢が重要である。

　ただ、現状の日本の行政が、三つ葉モデルであらわされるように、行政主体の範囲が複雑化しており、どの行政主体がどの行政分野の仕事を担っているか判別できない点もあり、住民が行政サービスに関する関心を向けにくいという問題も存在する。住民の参加を可能とする条件を考える上では、このような複雑化している行政分野を整理していく必要があることも考慮しなくてはならない。

　住民を媒介として、自治体間協力の可能性を考えるとき、地方自治の可能性へとつながり、また逆に地方自治をとらえる事が、自治体間協力の必

むすびにかえて

要性を論じる重要なカギなのである。国の行財政効率化のみを考えた、住民を置き去りにした道州制を推し進める危険性を忘れてはならず、地方自治の主体たる住民の生活を第一に考え、今後の日本の地方自治を柔軟かつ、多くの可能性のうえに、考えねばならない。

<ruby>其田寿一<rt>そのたとしかず</rt></ruby>

巻末資料

図1：市町村数の変遷と明治・昭和の大合併の特徴

年月	市	町	村	計	備考
明治21年	—	(71,314)		71,314	
「明治の大合併」 　近代的地方自治制度である「市制町村制」の施行に伴い、行政上の目的（教育、徴税、土木、救済、戸籍の事務処理）に合った規模と自治体としての町村の単位（江戸時代から引き継がれた自然集落）との隔たりをなくすために、町村合併標準提示（明治21年6月13日　内務大臣訓令第352号）に基づき、約300〜500戸を標準規模として全国的に行われた町村合併。結果として、町村数は約5分の1に。					
22年	39	(15,820)		15,859	市制町村制施行（明治22年4月1日） （明治21年4月17日　法律第1号）
大正11年	91	1,242	10,982	12,315	
昭和20年10月	205	1,797	8,518	10,520	
22年8月	210	1,784	8,511	10,505	地方自治法施行 （昭和22年5月3日　法律第67号）
28年10月	286	1,966	7,616	9,868	町村合併促進法施行 （昭和28年10月1日　法律第258号）
「昭和の大合併」 　戦後、新制中学校の設置管理、市町村消防や自治体警察の創設の事務、社会福祉、保健衛生関係の新しい事務が市町村の事務とされ、行政事務の能率的処理のためには規模の合理化が必要とされた。昭和28年の町村合併促進法（第3条「町村はおおむね、8000人以上の住民を有するのを標準」）及びこれに続く昭和31年の新市町村建設促進法により、「町村数を約3分の1に減少することを目途」とする町村合併促進基本計画（昭28年10月30日　閣議決定）の達成を図ったもの。約8000人という数字は、新制中学校1校を効率的に設置管理していくために必要と考えられた人口。昭和28年から昭和36年までに、市町村数はほぼ3分の1に。					
31年4月	495	1,870	2,303	4,668	新市町村建設促進法施行 （昭和31年6月30日　法律第164号）
31年9月	498	1,903	1,574	3,975	町村合併促進法失効 （昭和31年9月30日）
36年6月	556	1,935	981	3,472	新市町村建設促進法一部失効 （昭和36年6月29日）

37年10月	558	1,982	913	3,453	市の合併の特例に関する法律施行 （昭和37年5月10日　法律第118号）
40年4月	560	2,005	827	3,392	市町村の合併の特例に関する法律施行 （昭和40年3月29日　法律第6号）
50年4月	643	1,974	640	3,257	市町村の合併の特例に関する法律の一部を改正する法律施行 （昭和50年3月28日　法律第5号）
60年4月	651	2,001	601	3,253	市町村の合併の特例に関する法律の一部を改正する法律施行 （昭和60年3月30日　法律第14号）
平成7年4月	663	1,994	577	3,234	市町村の合併の特例に関する法律の一部を改正する法律施行 （平成7年3月29日　法律第50号）
11年4月	671	1,990	568	3,229	地方分権の推進を図るための関係法律の整備等に関する法律一部施行 （平成11年7月16日　法律第87号）
14年4月	675	1,981	562	3,218	地方自治法等の一部を改正する法律一部施行 （平成14年3月30日　法律第4号）
16年5月	695	1,872	533	3,100	市町村の合併の特例に関する法律の一部を改正する法律施行 （平成16年5月26日　法律第58号）
17年4月	739	1,317	339	2,395	市町村の合併の特例等に関する法律施行 （平成16年5月26日　法律第59号）
18年3月	777	846	198	1,821	市町村の合併の特例に関する法律経過措置終了
22年3月	786	757	184	1,727	平成22年3月23日時点の見込み

＊総務省（2010-11）『市町村合併資料集』http://www.soumu.go.jp/gapei/gapei.htmlより

図2：設置目的別の広域連合の存在数（役割別数）

設置目的		広域総合行政	ゴミ処理関係	大学運営	病院運営	
(西暦)	(和暦)					
1997	9			1	1	
1998	10	3	6		2	
1999	11	4	8		4	
2000	12	4	8		4	
2001	13		3			
2002	14		4			
2003	15					
2004	16					
2005	17					
2006	18					
2007	19					
2008	20	1	1			
2009	21					
2010	22		1			
	合計	12	31	1	11	

*1　この図は、総務省による広域連合の設置状況の調査（2010年（平成22年）7月1日）で示された資料に基づき自ら作成したもの。
*2　広域連合の平成22年7月1日現在においての総数は、115団体であるが、複数の役割を持つ広域連合があり、その数の割合と内容を明らかにすることがこの図の目的であるため、本項目における合計は、115団体より多いものとなっている。
*3　広域総合行政の項目には、都道府県や市から権限移譲を受け、他の団体に比べより広範囲な行政活動を行っているという役割が確認できるものをあてた。
*4　ごみ処理の項目には、廃棄物処理ならびにし尿等の処理にかかわる業務を担うものをあてた。
*5　大学運営の項目には、公立の大学運営にかかわる業務のものをあてた。
*6　病院運営の項目には、地域病院の運営やその計画、医療圏の運営計画にかかわるもの等をあてた。
*7　広域行政圏計画事務の項目には、広域活動計画の策定にかかわるもの、広域市町村圏ならびにふるさと市町村圏に関わるものなど、広域圏域にかかわる事業やその計画についての事務関係の業務を担っているものをあてた。

広域行政圏計画事務	介護保険、医療保険	後期高齢者医療制度	その他	小計
4	3		2	11
7	8		4	30
12	22		10	60
6	6		6	34
			3	6
1	3		3	11
	1	1	1	3
				0
				0
	1	1		2
		46		46
	2		1	5
			1	1
				1
30	46	48	31	210

*8 介護保険、医療保険の項目には、介護保険法やその関連する事業ならびに障害者認定事業、及び国民健康保険事業に関する等をその業務として担うものをあてた。

*9 その他には、広域連合独自の役割が項目以外にあるものをあてた。例えば、消防事業や、スポーツ振興事業、消費者行政対策、市から移管された水道事業など、また火葬場に関するものや、知事の権限に属する事務の処理の特例に関する条例により、広域連合が処理するとされた事務で、火薬類の譲渡、譲受及び消費の許可等に関する事務や液化石油ガス設備工事の届出の受理に関する事務に関する役割等があげられる。ただし、その他に該当する役割が2つ以上あり、かつその範囲が広範囲にわたる役割を持つ広域連合については、その他の項目数について、1としたうえで、広域総合行政の項目に算入することとした。これは、1団体で役割が20を超える広域連合もあり、これを単に役割数に算入することは、他の広域連合が概して2～3の役割しか持たないところが多いことと比して、本項目の作図目的が失われる恐れがあるため、このような措置とした。

図3：設置目的が1種類のみしか持たない広域連合の存在数
　　　（役割別＝個体数）

設置目的		広域総合行政	ゴミ処理関係	大学運営	病院運営
（西暦）	（和暦）				
1997	9			1	
1998	10		1		
1999	11				
2000	12		2		
2001	13				
2002	14		3		
2003	15				
2004	16				
2005	17				
2006	18				
2007	19				
2008	20				
2009	21				
2010	22		1		
	合計	0	7	1	0

＊1　この図は、総務省による広域連合の設置状況の調査（2010年（平成22年）7月1日）で示された資料に基づき自ら作成したもの。
＊2　各項目の割り振りについては、図2を参照のこと。

広域行政圏計画事務	介護保険、医療保険	後期高齢者医療制度	その他	小計
				1
	1			2
			1	1
	1			3
				0
	2		2	7
			1	1
				0
				0
	1	1		2
		46		46
	2		1	3
			1	1
				1
0	7	47	6	68

図4：広域連合の設立数（設立年代別、地域別）

設置目的		北海道	東北	関東	中部		東海
（西暦）	（和暦）				北陸	東山	
1997	9	1					
1998	10	1	2			1	
1999	11		1	1		5	
2000	12	2	1		1	5	
2001	13						
2002	14	4					
2003	15	1					
2004	16						
2005	17						
2006	18		1				
2007	19	2	6	7	4	2	
2008	20	1					
2009	21						
2010	22	1					
	合計	13	11	8	5	13	
後期高齢者医療連合除く		11	5	1	1	11	

*1　この図は、総務省による広域連合の設置状況の調査（2010年（平成22年）7月1日）で示された資料に基づき自ら作成したもの。
*2　中部地方については、北陸（新潟・富山・石川・福井）、東山（長野・山梨）、東海（静岡・愛知・岐阜・三重）で地域区分した。

巻末資料

	中部	近畿	中国		四国	九州	沖縄	小計
	東海		山陽	山陰				
		2				1		4
	1			1	1	2		9
	10	1		3	1	4		26
								9
	1					2		3
	1				2		1	8
	1							2
								0
								0
						1		2
	4	6	3	2	4	6	1	47
	1	1						3
		1						1
								1
	19	11	3	6	8	16	2	115
	15	5	0	4	4	10	1	68

＊3 中国地方については、山陽（岡山・広島・山口）と山陰（鳥取・島根）でそれぞれ地域区分した。
＊4 なお、2010年（平成22年）7月1日時点での広域連合の総数は、115団体である。

図5：後期高齢者医療制度における広域連合以外に広域連合が存在するか否かの区分

後期高齢者医療制度以外に広域連合制度を活用している自治体	北海道、青森県、岩手県、山形県、埼玉県、福井県、長野県、山梨県、岐阜県、三重県、愛知県、静岡県、京都府、大阪府、奈良県、鳥取県、島根県、徳島県、高知県、福岡県、佐賀県、熊本県、大分県、宮崎県、鹿児島県、沖縄県	26自治体
後期高齢者医療制度による広域連合しかもたない自治体	秋田県、宮城県、福島県、茨城県、栃木県、群馬県、千葉県、東京都、神奈川県、新潟県、富山県、石川県、滋賀県、兵庫県、和歌山県、岡山県、広島県、山口県、香川県、愛媛県、長崎県	21自治体

＊1　この図は、総務省による広域連合の設置状況の調査（2010年（平成22年）7月1日）で示された資料に基づき自ら作成したもの。
＊2　この図は、2010年（平成22年）7月1日現在の状況である。

引用および参考論文・文献一覧

日本語
- 遠藤乾（2003）「ポスト主権の政治思想 ―ヨーロッパ連合における補完性原理の可能性―」『思想』岩波書店　第945号
- 遠藤宏一、加茂利男（1995）『地方分権の検証』自治体研究社
- 大平祐一（2000）「訴えの保障 ―近世訴状箱（目安箱）制度の研究序説―」服藤弘司先生傘寿記念論文集『日本法制史編纂 ―紛争処理と統治システム―』日本評論社
- 片木淳（2007）「政府再編論としての『道州制』」日本政治学会資料　日本政治学会
- 加茂利男（1988）『都市の政治学』自治体研究社
- 加茂利男（2010）「自治体の合併と連合 ―地方自治改革の国際比較―」
- 加茂利男（2010）「コミューン自治と自治体間革命 ―フランス―」
- 稲継裕昭（2010）「グローバル化時代の地域ガバナンスと自治体間連携 ―オーストラリアの教訓―」
- 阿部昌樹（2010）「自治体間競争と自治体間連携 ―日本―」
- 野田昌吾（2010）「ガバナンス改革時代の地方行政と自治体間連携 ―ヨーロッパ―」
- 加茂利男、稲継裕昭、永井史男編著『自治体間連携の国際比較 市町村合併を超えて』ミネルヴァ書房
- 佐々木信夫（2006）『自治体をどう変えるか』筑摩書房
- 自治体国際化協会（1990）『ロンドンの地方行政 ―大ロンドンの廃止をめぐって―』
- 自治体国際化協会（2000）『ロンドンの新しい広域自治体 ―グレーター・ロンドン・オーソリティーの創設―』
- 自治体国際化協会（2000）『英国におけるパートナーシップ』
- 自治体国際化協会　パリ事務所（2001）『フランスの地方分権15年』
- 自治体国際化協会　パリ事務所（2004）『フランスの都市計画 ―その制度と現状―』
- 自治体国際化協会　パリ事務所（2005）『フランスの広域行政 ―第4の地方団体―』
- 自治体国際化協会　パリ事務所（2008）『フランスにおける基礎自治体の運営実態

調査人口2,000人未満の「コミューン」における行政運営の実態』
- 自治体国際化協会 パリ事務所（2010）『フランスにおける地域振興とアソシアシオン』
- 自治体国際化協会 ロンドン事務所（2006）『パリッシュの動向』
- 自治体国際化協会 ロンドン事務所（2006）『GLA（グレーター・ロンドン・オーソリティー）の現状と展望』
- 自治体国際化協会 ロンドン事務所（2007）『パートナーシップを活用した地方自治体と政府の新たな関係』
- 自治体国際化協会 ロンドン事務所（2008）『ローカルコンパクト』
- 自治体国際化協会 ロンドン事務所（2009）『英国の地方自治』2009年9月改訂版
- G.ローズ、S.K.ラック、大野木克彦監訳（1971）『大ロンドンの行政』鹿島研究所出版会
- 関谷昇（2007）「補完性原理と地方自治についての一考察 ―消極・積極二元論に伴う曖昧さの克服に向けて」『公共研究』第4巻第1号（特集／「場所の感覚」と補完性原理）千葉大学
- 田口一博（2008）「自治体間の横の連携」森田朗、田口一博、家井利之『分権改革の動態』東京大学出版会
- 竹下譲（2000）『パリッシュにみる自治の機能 ―イギリス地方自治の基盤―』イマジン出版
- 竹下譲（2008）『よくわかる 世界の地方自治制度』イマジン出版
- 第29次地方制度調査会 答申書「今後の基礎自治体及び監査・議会制度のあり方に関する答申」 平成21年6月16日
- 都築岳司（2001）「自治体間協力の課題と展望」『北大法学研究科ジュニア・リサーチ・ジャーナル』（Junior Research Journal, 8: 119-146）北海道大学法学研究科
- 東郷尚武（2004）『ロンドン行政の再編成と戦略計画』東京市政調査会都市問題研究叢書　日本評論社
- 松下圭一、西尾勝、新藤宗幸編著（2002）『自治』岩波講座 自治体の構想5　岩波書店
- 水口憲人（2000）「地方自治と民主主義」紀要『政策科学』7巻3号　立命館政策科学会
- 水口憲人（2005）「分権推進と地方自治の理論」
田村悦一、水口憲人、見上崇洋、佐藤満『分権推進と自治の展望』日本評論社

- 宮本憲一（1998）『公共政策のすすめ —現代的公共性とは何か』有斐閣
- 村上弘（2003）「日本の地方自治 —変化と特徴—」『日本の地方自治と都市政策 —ドイツ・スイスとの比較—』法律文化社
- 村松岐夫（1996）「日本における地方分権論の特質」『年報行政研究31』ぎょうせい
- 村松岐夫（2001）「地方自治への疑問」
  水口憲人（2001）「地方分権を考える —関与の仕方を中心に—」
  村松岐夫、水口憲人編著　大阪市政研究所研究論集『分権 —何が変わるのか—』敬文社
- ヒューグリン、T.O（2003）「下からの連邦主義 —初期近代の政治理論からの示唆」
  辻康夫訳　山口二郎他編『グローバル化時代の地方ガバナンス』岩波書店
- 樋渡啓祐（2008）『「力強い」地方づくりのための、あえて「力弱い」戦略論』ベネッセコーポレーション

英語等

- Althusius, Johannes (1614=1932) *Pokitica Methidice Digesta of Johannes Althusius*, Reprinted from the Third Edition of 1614, with an Introduction by Carl Joachim Friedrich, Cambridge: Harvard University Press.
- Gerald. Rhodes & S. K. Ruck, (1970) *The Government of Greater London*, George Allen & Unwin Ltd.
- Hueglin, Thomas O. (1999) Early Modern Concepts for a late Modern World: Althusius on Community and Federalism, Waterloo/Ontario: Wilfrid Laurier University Press.
- Mill, J. S, *Consideration on Representative Government*, Longhams Green and Co, (1886).

その他資料等

- 隠岐広域連合（2010）『隠岐広域連合の概要』平成22年4月付
- 隠岐広域連合（2010）『隠岐広域連合　例規集』平成22年3月31日付平成12年改製版
- 自治事務次官通達（1999）「市町村の合併の推進についての指針の策定について」第1-3市町村合併と広域行政との関係　平成11年8月6日付自治省

引用および参考論文・文献一覧

- 総務省（2010）『平成の合併について』平成22年3月5日
- 総務省（2010）『地方公共団体間の事務の共同処理の状況調』平成22年7月1日現在
- 総務省（2010）『広域連合の設置状況の調査』平成22年7月1日付
- 総務省（2010-11）『市町村合併資料集』最終参照日　平成23年1月30日
  URL「http://www.soumu.go.jp/gapei/gapei.html」
- Seaford Town Council Web Site
  URL「http://www.seafordtowncouncil.gov.uk/council.php」

(50音順ならびに日英表記順、そのたとしかず)

其田寿一（そのた・としかず）

1986年、青森県五所川原市生まれ。立命館大学法学部卒業、立命館大学大学院公務研究科修了（公務修士）。立命館在学中より、衆議院議長も務めた伊吹文明氏に師事。政治家見習いとして勉強する一方、事務所業務に職員として従事。伊吹衆議院議長時代は、秘書として衆議院事務局との連絡調整役を担った。現在は伊吹文明氏の公設秘書を務める。茶道や華道を嗜み、文化的教養にも精通している。中学より茶道を始め、大学在学中は大学公認団体茶道研究部に所属。部長として各行政機関、各種団体等との調整にあたり、静岡市興津坐魚荘での遠征茶会を実現、成功を収める。

自治体間協力の必要性と可能性
（じちたいかんきょうりょく　ひつようせい　と　かのうせい）

2017年11月20日　第1刷発行

著　者　其田寿一（そのた としかず）
発行者　堺　公江
発行所　株式会社　講談社エディトリアル
　　　　〒112-0013　東京都文京区音羽1-17-18　護国寺SIAビル6F
　　　　電話（代表）03-5319-2171（販売）03-6902-1022

印刷・製本　慶昌堂印刷株式会社

定価はカバーに表示してあります。
落丁本・乱丁本は、購入書店名を明記のうえ、講談社エディトリアル宛にお送りください。送料小社負担にてお取り替えいたします。
本書の無断複写（コピー）は著作権法上の例外を除き、禁じられています。

©Toshikazu Sonota 2017, Printed in Japan
ISBN978-4-907514-98-3